W0223177

Franz Schmatz

HORCH DEIN LEBEN RUFT DICH

Franz Schmatz

HORCH DEIN LEBEN RUFT DICH

EFFATA VERLAG

ISBN 3-9500782-7-4
ISBN 978-3-9500782-7-5

1. Auflage 2006

Alle Rechte vorbehalten. Auch auszugsweiser Nachdruck oder Kopieren nur mit ausdrücklicher schriftlicher Bewilligung des Verlages.

EFFATA Verlag, Stephanie Schmatz,
A-3500 Krems/Donau, Franz Wissgrill-Gasse 7

Druck: gugler cross media, Melk/Donau

Titelbild: Stephanie Schmatz

Assistenz in Gesamtkonzeption: Elisabeth Schmatz

Gedruckt nach der Richtlinie „Schadstoffarme Druckerzeugnisse" des Österreichischen Umweltzeichens, gugler cross media, Melk; UWZ 609

VORWORT

Immer öfter erlebe ich eine Betroffenheit, die mich nachdenklich macht, zum Innehalten drängt und mich innerlich aufhorchen lässt: immer mehr Menschen sagen mir in Begegnungen und Begleitungen, dass sie anders leben möchten! So viele sind von Sehnsucht erfüllt, dichteres Leben zu erfahren und sie haben das Gefühl, von überall her daran gehindert zu werden: von der Erziehung, von der Leistungsgesellschaft, von der beruflichen Situation, vom Beziehungsstress, von den Vorgaben der Werbung und den Einflüssen der Medien, von den Erwartungshaltungen der anderen, vom Konkurrenzdruck und vielem mehr!

Auf dem Hintergrund derartiger Erfahrungen und auch aus dem eigenen Ringen und Suchen kommt mir immer öfter in den Sinn, den Schlüssel zum Öffnen des Tores auf mehr Lebensraum und Lebensdichte anderswo zu suchen, nämlich im Herzen, im Hinhorchen auf das eigene Leben. Sind wir nicht durch die vielen äußerlichen „Ablenkungen" zu sehr auf das Äußere fixiert, statt zunächst einmal den Weg zur inneren Mitte frei zu machen? Gibt es nicht eine innere Stimme in mir, die mir so viel und so Wegweisendes sagen möchte? Ist nicht diese innere Stimme im Grunde sehr klar und sehr eindeutig? Liegt das Problem nicht darin, dass ich sie durch das viele Laute rundherum einfach nicht mehr hören und fühlen kann? Sollte dieses Hören nicht ein ganzheitliches Hinhorchen sein?

Da ich mit so vielen Menschen, vor allem in harten Herausforderungen des Lebens in den Begleitungen ein Stück des Weges im Suchen und Ringen mitgehen darf, erlebe ich viel Erschütterndes und gerade darin in aller Tragik aber auch so viel an Heilungs- und Aufbruchsmöglichkeiten, dass ich so manche dieser kostbaren Erfahrungen weitergeben möchte. Vielleicht ist manches davon auch für Sie in Ihrer Lebensgestaltung in guten und in schweren Tagen ein wertvoller Baustein.

Aus der inneren Stimme wird vieles angeboten, was mich zunächst verunsichert, in Spannungen führt, nachdenklich macht, wach rüttelt und natürlich auch Angst auslöst oder mich Bedrohungen spüren lässt. Das ist kein Widerspruch zur Klarheit der inneren Stimme, sondern wird durch so manche Brocken und Blockaden verursacht, die sich auf dem Weg angesammelt haben. Im Hinfinden zur innersten Mitte gibt es mitunter sehr harte Herausforderungen und Ansprüche. Das Leben ist eben nicht nur rund oder gar spannungsarm.

Ganz in diesem angesprochenen Sinn habe ich auch versucht die folgenden Überlegungen zu schreiben. Es ist bewusst kein zusammengestelltes Erfolgsrezept und die Texte sind nicht abgerundet, austariert oder schön geschliffen. Ganz im Gegenteil, es soll sich das Leben selbst ausdrücken dürfen: Originalität und Vielfalt, Spannung und Auflösung, Suchen und Finden, Träumen und Verwirklichen, Licht und Schatten, Horchen und Antwortgeben. Was mir meine innere Stimme sagt, wird nicht für andere gleich bedeutsam sein, aber wir können einander motivieren, noch mehr zu Horchenden zu werden, in je eigener Einmaligkeit!

In einer oft zu harten und brutalen Welt entsteht bei vielen Menschen wieder Sehnsucht nach einem zartfühlenden Umgehen mit sich selber, mit dem eigenen Leben und der Mit- und Umwelt. Zärtlichkeit hat viel mit Horchen zu tun, weil das Hinhorchen öffnet, befreit und vor allem gelassener werden lässt. So werde ich fähig, statt den von außen her projizierten Bildern, die ohnedies schon überreizen und stressen, zu meinen inneren Bildern zu finden. Diese inneren Bilder führen mich in andere Lebenswelten und Stimmungen, die in Wirklichkeit zutiefst meine sind. Wenn ich so von innen her verwurzelt, gefestigt, motiviert und gestärkt bin, wird auch meine Wertordnung entschiedener und klarer und meine Lebensgestaltung selbstbewusster und erfüllender sein. Als glaubender Mensch bin ich zutiefst überzeugt, dass ich in

meiner innersten Mitte auch dem Urgrund meines Lebens begegne: für mich das göttliche Du, das alles umfasst, trägt, lebendig macht, aufrichtet, stärkt, tröstet, heilt und auf Entwicklung und Reifung hin begleitet.
Ich bin keiner der weiß, wie es geht, und auch ich würde es niemandem abnehmen, der diesen Anspruch erheben würde. Dankbar für Wegweisungen, Erfahrungen und Kompetenzen, auf die ich gerne horche, wenn sie für mich ehrlich, echt und glaubwürdig sind, möchte und will ich selber horchen, selber entscheiden und vor allem selber leben.

In diesem Sinne möchte ich Sie, liebe Leserin und lieber Leser, einladen, die Texte dieses Buches als Impulse, Anregungen oder mögliche Bausteine zu sehen. Vielfalt, Widersprüchlichkeiten, verschiedene Zugänge und Folgerungen sind nicht in Harmonie aufgelöst, sondern bleiben bestehen, wie im Leben auch!

Im Horchen, Suchen und Staunen mit Ihnen verbunden wünsche ich Ihnen alles Gute.

Ihr

Franz Schmatz

Es ist laut geworden

Wo immer ich heute achtsam innehalte, nehme ich wahr, dass es sehr laut geworden ist, zumindest für mein Empfinden. Natürlich ist Wahrnehmung und auch die daraus folgende Wertung immer subjektiv. Aber ich erlebe immer mehr Menschen, die unter dem Lauten leiden. Dabei geht es nicht nur um Lautstärke, sondern auch um die Intensität der Einflüsse von allen Seiten. Im Sinn der Vielfalt des Lebens hat auch das Laute seinen Stellenwert, seine Berechtigung und auch seine Bedeutung. Wenn das Laute aber dauernd im Vordergrund steht und den Hintergrund verdrängt, kann es sein, dass die innere Stimme des Lebens nicht mehr gehört wird.

Das Innen und das Außen bilden eine lebensnotwendige und lebensfördernde Spannung. Das Laute ist in der Regel dem Außen zugeordnet, hat eher mit Oberfläche zu tun und drängt sich weit in den Vordergrund. So kann es sein, dass mit der Zeit nur mehr das Laute als das Eigentliche und Wesentliche wahrgenommen wird. Dann aber wird das Leben unter Umständen sehr begrenzt, eingeengt und einseitig!

Was Leben ausmacht ist nicht generell definierbar, weil jeder Mensch letztendlich subjektiv an das Leben, an sein Leben herangeht. Das Subjektive ist immer mitzubedenken, weil wir sonst sofort im Moralisieren landen. Andererseits ist es legitim, dass jene, die mit großer Achtsamkeit das, was Leben ausmachen kann, ausloten, das Erfahrene auch anderen mitteilen.

So erfahren viele von uns, dass der Trend des Lauten oft in Verbindung steht mit Beherrschung anderer, mit Machtausübung und mit Manipulationsabsicht.

Wer zu stark unter dem Einfluss des Lauten jeder Art steht, lässt sich offensichtlich leichter von außen beeinflussen, lenken und eben auch beherrschen. Warum? Weil offenkundig die Fähigkeit und Bereitschaft abnehmen, in die innere Mitte hineinzuhorchen, Zeit für Vertiefung zu finden oder Geduld zu haben, um vielem auf den Grund zu gehen.

Wenn ich das Laute um mich herum und oft auch schon in mir nicht mehr zurückdrehen oder vorübergehend auch einmal abdrehen kann, wie soll ich mich dann noch spüren können? Wie soll das Wesentliche in mir, in meiner Mitte, das oft leise ist, sich bei mir Gehör verschaffen können? Das ist deshalb zu betonen, weil unter dem Lauten auch all das zu finden ist, das getarnt dort angesiedelt ist, wie zum Beispiel selbsternannte „Ordnungshüter", „Werte-verteiler" und „Moral-apostel", die immer für die anderen wissen und bestimmen wollen, was wahr ist, wie man zu leben hat und welche Normen zu gelten haben. Viele geben sich als die Hüter des Wahren und Edlen aus, die wissen, was wert und was unwert ist und unterdrücken mit ihrer Lautstärke jedes vertiefende Suchen und lebensspendende Horchen. Wir sollten uns daher selber und selbstbewusst auf den Weg machen, um mit allem Lauten kritisch umgehen zu lernen und nach unseren Möglichkeiten für das Leise sensibel zu werden, damit wir die Spannung gut und im Sinn von Lebensgewinn gestalten können. Es geht nicht darum, dass andere mir vorschreiben, wie ich zu leben habe, wie ich zum Lauten oder Leisen zu stehen habe, sondern darum, dass ich motiviert werde, achtsam, einfühlsam und horchend zu sein, damit ich vordergründig nicht irgendetwas höre, sondern auf meine Lebens-stimme hören kann.

Das Leben ist oft wie ein leises Lied

„Horch, ich will das hören!“ sagen Kinder manchmal zu Erwachsenen, wenn deren Lautstärke und Übermacht etwas übertönt, was sie jetzt hören möchten. Müssten nicht auch wir wenigstens fallweise in unsere Umgebung hinein rufen: „Horch, ich will das hören!“ Ist das Leben nicht oft wie ein leises Lied, das nur mit viel Achtsamkeit vernommen werden kann? Ich mag Lieder gern, bei denen ich nicht den Regler für die Lautstärke weiter drehen kann, um es besser zu hören, sondern wo ich ruhig werden muss, um mich in das Lied innerlich einstimmen zu können. Gilt das nicht umso mehr für mein Leben?

Aus meinen Erfahrungen heraus finde ich es faszinierend, dass mein Leben mir eher in leisen Botschaften vermittelt, wie es von mir gelebt werden möchte, damit es ganz zur Entfaltung kommen und mir dadurch Erfüllung zuteil werden kann. Es gibt wohl eine innere Mitte in uns Menschen, aus der heraus Lebensenergie fließt, Lebensvisionen sich anbieten und Lebensmöglichkeiten sich eröffnen. Was aus meiner Mitte mir mitgeteilt, ist für mich echter, bedeutsamer, heilender, wegweisender und nachhaltiger als alles, was von außen an mich herangetragen wird. Auch religiös gedeutet, kann die göttliche Stimme in keiner anderen Form so echt und wahr und ursprünglich sein, als wenn sie aus meiner inneren Mitte zu mir spricht. Religiöse Systeme sind nämlich in der Regel Verbündete des Lauten, des Beherrschenden und des Machtvollen, während die göttliche Liebe im Kern meiner innersten Mitte das bleiben kann, was sie in ihrem Wesen ist, nämlich Liebe. Wahre Liebe drängt sich nicht lautstark auf, übertönt nicht protzig und kämpft sich nicht einfach durch. Echte Liebe kann warten, ruft sich behutsam anklopfend in Erinnerung und klingt wie eine leise Melodie. Nicht dass die Liebe nicht auch übervoll, überbordend und energiegeladen sein kann. Aber zu ihrem Wesen gehört auch eine göttliche Schüchternheit, weil sie erregend auf sich aufmerksam machen will, einfühlsam entdeckt und achtsam aufgenommen werden möchte.

Mein Leben meint es gut mit mir. Es entzieht sich dem Haben-wollen, bietet sich aber gerne als Geschenk an. Das aber setzt bei mir eine entsprechende innere Einstellung voraus, die vor allem die Bereitschaft und Fähigkeit zum Horchen beinhaltet.

Wie soll ich meinen Lebensfaden entdecken, meine Lebensmelodie hören, meine Lebenswege finden und meine Lebenserfüllung erfahren dürfen, wenn ich stets nach außen gewandt bin?

Natürlich kann ich anderen das Leben abschauen, es anderen nachmachen oder es mir von außen einreden lassen. Dann bleibt es mir immer fremd und ich erlebe irgendetwas.

Originell wird mein Leben, wenn ich mein Leben lebe. Die Vorübung dazu ist die Einübung der Achtsamkeit in das behutsame Horchen und das ehrfurchtsvolle Staunen. Darum fällt mir der Vergleich mit einem leisen Lied ein. Es ist Einladung zum Innehalten, zum Nach-sinnen, zur Spuren-suche, zur Stimmungs-erhellung und zum Neu-aufbruch. Das Leben ist oft wie ein leises Lied.

Verweile in der Zeit

Zeit ist knapp geworden, sagen wir. Ist sie wirklich knapp geworden? Oder verlernen wir zusehends, mit ihr gewissenhaft, verantwortungsvoll und achtsam umzugehen?

In immer mehr Begleitungen höre ich die Klage, dass die Zeit immer schneller vergeht, dass keine Zeit zum Leben mehr bleibt und die Hetzerei im Vordergrund steht. Auf derartige Analysen wird oft die resignierende Antwort gegeben, dass es eben in unserer Zeit so ist. Natürlich gibt es Rahmenbedingungen jeder Art, die vorgegeben sind, die uns unter Druck setzen und unseren Gestaltungsraum einengen. Aber sind wir wirklich schon total ausgeliefert, absolut hilflos und ohne jede Freiheit? Oder greifen wir zu Ausreden, um uns nicht kritisch mit uns selbst, unserer Lebensgestaltung und Wertordnung auseinander setzen zu müssen?

Ich möchte bestreiten, dass es einfach keine Chance mehr gibt, mit der Zeit auch anders umzugehen und ihrer Kostbarkeit gerecht zu werden. Wenn ich wirklich von meiner Grundhaltung her will, dann werde ich Möglichkeiten finden, mit meiner Zeit sorgfältig, verantwortungsvoll und ehrfurchtsvoll umzugehen. So finde ich aus klaren Entscheidungen heraus Zeit-räume, in denen ich innehalten und verweilen kann und meinem Leben Zeit gebe, um dann als Frucht Lebensqualität erfahren zu dürfen. In diesen Zeitoasen lasse ich anderes bewusst draußen, um ganz da und bei mir zu sein, um der Stimme meines Lebens zu lauschen und mir meine Lebensfarben staunend anzusehen. Plötzlich wird scheinbar so Wichtiges nebensächlich und Wesentliches in die Mitte gerückt. Dann wird der Blick frei, die Gefühle werden locker und es kehrt eine befreiende Gelassenheit ein, die wohl sein lässt und Lebensfreude schenkt.

Um immer wieder Zeit-oasen erleben und in der Zeit verweilen zu lernen, braucht es meine Entscheidung zur Einübung. Meine Verantwortung ist es, eine Auswahl zu treffen, anderes hintanzustellen und meiner Zeit-oase den Vorzug zu geben. Wenn ich mich in diesem Sinne regelmäßig zum Verweilen in meiner Zeit entscheide, werde ich auch entsprechend mehr von meiner Zeit erleben. So wird meine Zeit nicht einfach an mir vorbeifließen und mich links liegen lassen, sondern sie wird mit mir sein und mir die Erfahrung ermöglichen, dass ich jetzt lebe. Dann habe ich anderes nicht gehört, nicht getan, an Informationen nicht bekommen, an Erwartungen nicht erfüllt und andere Möglichkeiten nicht genützt, weil ich mich in dieser Phase bewusst für mich, meine Zeit und mein Leben entschieden habe.
Mag sein, dass ich dann kein Voll-mitglied der modernen Leistungsgesellschaft und der beworbenen Erfolgsgeneration bin, aber dafür gehöre ich mehr mir selber und darf aus Lebensquellen schöpfen, die meinen Lebenshunger und Lebensdurst so stillen, dass ich ganzheitliche Erfüllung erfahren darf, die bleibend ist. Und wenn alle mir jetzt erklären, dass das eine Illusion sei, möchte ich mich erst recht für mein Leben und meine Lebensvisionen entscheiden. Ich möchte immer öfter, immer mutiger und immer hoffnungsvoller Entscheidungen treffen, die mir das Verweilen in der Zeit, in meiner Zeit, ermöglichen. Wenn alles seine Zeit haben soll, dann soll es doch nicht nur Zeit zum Schaffen, zum Schuften, zum Dasein für andere und zur sogenannten Pflichterfüllung geben. Die Einladung meiner Zeit zum Verweilen ist so verführerisch, dass ich sie immer öfter annehmen möchte. Die Verführung zum Leben schenkt nämlich Erfüllung!

Der Unfug mit dem „Ernst des Lebens!“

Dass das Leben nicht nur ein Spiel ist und schon gar nicht nur eine Spielerei, wissen wir alle. Aber ebenso klar ist, dass das Leben viel mehr im besten Sinn des Wortes Spiel sein könnte, gäbe es nicht so viele Spielverderber. Zu allen Zeiten haben es Menschen und Gruppen geschafft, anderen das Leben schwer zu machen und ihnen das Leben als Bürde und Last zu deuten. Natürlich steckt dahinter die lebensfeindliche Spirale, dass Opfer ihrerseits als Täter Opfer schaffen, um überleben zu können. Wer nicht befähigt wurde, sich leben zu trauen und das Leben trotz aller Widerwärtigkeiten auch immer wieder zu genießen, kann nicht aushalten, dass andere das Leben verkosten.

Auf diesem Hintergrund ist es entscheidend, dass wir hellhörig werden für unsere eigenen Deutungsmodelle. Wer hat mich gelehrt, das Leben, mein Leben zu deuten? Kenne ich überhaupt meine eigenen Lebensdeutungen? Nur wenn ich sie und ihre Herkunft kenne, kann ich sie überprüfen, verändern und wo notwendig, neu entwerfen. Oft tut es uns zunächst sehr weh, zu begreifen, dass mir lieb gewonnene Menschen oder bisher geschätzte Autoritäten Lebensprogramme mitgegeben haben, die mich in Wirklichkeit nicht wahrhaft leben lassen, sondern mir Lebensmöglichkeiten nehmen oder mich gar an vollem Leben hindern. Darum muss ich behutsam lernen, mich von Autoritäten zu lösen, die in der Tat nicht lebenskompetent waren, sondern bewusst oder unbewusst ihre eigenen neurotischen Lebensmuster zur objektiven Wahrheit erklärt haben. Nicht wenige lebten und leben davon, anderen ständig vom Ernst des Lebens zu erzählen, sodass gesunder Lebensoptimismus, lebensfördernde Gelassenheit und kräftigender Lebensmut sich nicht ausreichend entwickeln können.

Es ist nicht heilsam, vorbeugend von klein auf den Ernst des Lebens vor Augen gestellt zu bekommen, um dann später mit den Lebensherausforderungen besser fertig zu werden. Eine wirkliche Hilfe ist es, das Leben lieben zu lernen, es in allen Facetten verantwortungsvoll zu verkosten und aus einer Grundfreude heraus auf seiten des Lebens zu stehen. Dann bin ich auch besser gerüstet, um Grenzerfahrungen gestärkt und natürlich zu gestalten und so auch wieder auf mehr Lebensqualität hin fruchtbar zu machen. Die Lebensgrundeinstellung macht viel aus. Von ihr hängt auch ab, ob ich mich erheben und über mich hinaus wachsen kann, oder ich ständig überrollt werde und mich immer nur ausgeliefert und am Rand stehend erlebe.

Leihen wir doch unser Ohr jetzt wenigstens denen, die uns vom Gelingen erzählen, die voller Visionen sind, die Oasen entdecken können und an die Zukunft glauben. Weder Lebensjammerer noch oberflächliche Vertröster auf irgendwann später sollten uns prägen oder gar führen, sondern Menschen, die mitten im Leben stehen, Verbündete des Lebens sind und Möglichkeiten sehen und schaffen, um jetzt wahrhaft zu leben. Das Lebensfeuer ein wenig am Glühen zu halten ist zu wenig! Ich möchte mich an Menschen orientieren, die das Lebensfeuer noch mehr entfachen und verbreiten. Denn diese Lebensbotinnen und Lebensboten lassen mich glauben, dass das Feuer des Lebens auch in mir brennt und weiter entfacht werden kann. Was kräftigt und stärkt, was Mut macht und motiviert, was die Freiheit erweitert und das Selbstbewusstsein vertieft, was Geschmack am Leben finden lässt und die Würze des Lebens bringt, das lässt mich leben, lustvoll leben! Ich möchte nicht um den Ernst des Lebens kreisen, sondern das Leben lieben und leben!

Ist das Leben?

Kirchen machen Glaubende
Lehrer machen Gebildete
Ärzte machen Gesunde
Politiker machen Mündige
Medien machen Informierte
Coaches machen Erfolgreiche
Versicherungen machen Abgesicherte
Wirtschaft macht Gesättigte
Freizeitindustrie macht Glückliche

Wenn ich dann tagtäglich in Begleitungen
Menschen erleben, an ihrer Lebensgeschichte
teilhaben und ein wenig in ihre Herzen spüren darf,
dann frage ich mich,…

Die Vielfalt der Wahrheit

Wo immer Menschen sich anmaßen, für andere die letzten Wahrheiten zu wissen, wird es eng. Viele haben offensichtlich ein großes und dauerhaftes Interesse daran, Menschen von außen her Wahrheiten zu vermitteln, aufzudrängen oder gar zu verordnen. Deshalb bedeutet Wahrheitssuche für so viele immer noch Außen-orientierung. Wegen der Einmaligkeit des Menschen, seines göttlichen Ursprungs und der faszinierenden Vielfalt der Wahrheit betrachte ich mich eingeladen, in der Wahrheitssuche nach innen zu horchen und aus der inneren Mitte heraus mein Leben, entsprechend meiner Wahrheit, echt und ehrlich zu gestalten.

Für andere die Wahrheit wissen zu wollen führt, wie wir allenthalben erleben, sehr rasch zu Intoleranz, Überheblichkeit, Fanatismus und Entwicklung von Abhängigkeiten. Verordnete Wahrheiten dienen nicht der Reifung und verantwortungsvollen Entfaltung, sondern schaffen Lebensblockaden und krankmachende Strukturen. So kann das ständige Reden von der Wahrheit zur eigentlichen Lebenslüge werden, die eigene Ohnmacht, Hilflosigkeit und Lebens- und Glaubensleere zudecken soll. Wahrheit in all ihren Dimensionen und in all ihrer Vielfalt lässt sich nicht von einem oder einigen besitzen und für andere verwalten und verordnen.

Ich möchte Wahrheit als unfassbares Wunderwerk betrachten, als faszinierende Erlebniswelt, in die ich mich immer wieder staunend einlassen darf. Dann habe ich kein Bedürfnis mehr, sie zu definieren, zu erfassen, festzuhalten oder gar zu verwalten.

In jedem Augenblick des Lebens erfahre ich neue Dimensionen der Wahrheit, die ich nicht, wie in einer Fotografie festhalten möchte. Wie die Fotografie nie an die Realität heran kommt, ist jede Definition von Wahrheit in sich schon Erfahrungseinschränkung. Wahrheitssuche heißt für mich mit viel Bescheidenheit, Ehrfurcht, Achtsamkeit und Offenheit aus meiner innersten Mitte heraus das Leben, mein Leben zu gestalten. Bei meiner Lebensbilanz wird es mich nicht erleichtern, mich auf alle möglichen Außeneinwirkungen zu berufen, sondern ich werde erfahren, dass nur ich selber meine Antworten geben und meine Lebens-antworten verantworten kann. Wo immer ich echt war, wird mir Stärkendes zufließen und mich existentiell erfüllen. Die Frage, die ich mir stellen werde, wird sein: „Habe ich mein Leben gelebt, meine Verantwortung wahr genommen, meine mir möglichen Wahrheitszugänge für mich gedeutet und gelebt, habe ich auf meine innere Stimme gehört und bin ich mir und damit meinem göttlichen Ursprung immer mehr treu geworden?“ Wenn es auch um der Hellhörigkeit willen immer wieder notwendig ist, darauf aufmerksam zu machen, dass diverse Systeme uns verwalten und machtvoll in den Griff bekommen möchten, ist das Entscheidende, sich nicht zu viel mit diesen Systemen zu beschäftigen. Es sollte nicht zu viel Kraft, Energie und Substanz investiert werden, um sich dauernd mit den Einflussnahmen von außen auseinander zu setzen, oder sich zu ärgern oder zu kränken. Heilsamer ist es, in Entschiedenheit die eigenen Wege, die ich für mich als gut erkenne, offenherzig zu gehen und in gesunder Gelassenheit zu entwickeln. Die Vielfalt der Wahrheit nimmt mich nicht gefangen, sondern lässt mich leben. Sie ist einladend, verführerisch und existentiell erregend. Meine innerste Wahrheit ist eine lebenserotische Begleiterin, die mir hilft, meine möglichen Lebenswege selber so zu gehen, dass sie mich zur Erfüllung führen. Je mehr ich so reifend meine Wege gehe, werde ich mit meiner Echtheit, Klarheit und Selbständigkeit auch für andere ohne Aufdringlichkeit zum Segen.

Es gibt so viel zum Staunen

„Wir haben alles im Griff!". Das ist eine der Kernbotschaften unserer Leistungsgesellschaft und Erfolgsgeneration.
Wir durchschauen alles, definieren alles, erklären alles, analysieren alles und tun so, als ob wir alles im Griff hätten. Scheinbar gibt uns das ein Gefühl der Stärke, und scheinbar befriedigt es uns. Was dann aber fehlt, ist der Grund zum Staunen. Aber gibt es ohne das spontane Staunen die Erfahrung der Erfüllung?

Mir scheint die Kernfrage zu sein, ob wir in unseren Lebensfeldern noch dem Geheimnisvollen Raum und Zeit geben. Das Geheimnisvolle ist nämlich nicht laut, drängt sich nicht in den Vordergrund und zwingt sich nicht auf. Es möchte viel mehr durch innere Offenheit erspürt und mit viel Sensibilität bestaunt werden. Wer auch nur ein Mal in staunende Kinderaugen geblickt hat weiß, welche Kraft aus dem Staunen kommt. Ohne diese Fähigkeit zum Staunen verarmen wir im Inneren. Diese innere Leere kann dann äußerer Reichtum nicht kompensieren.

Das Faszinierende ist, dass alles Geheimnisvolle nicht verwaltet, nicht verordnet, nicht zum Besitz gemacht und auch nicht moralisierend eingesetzt werden kann. Wird das dennoch versucht, geht es durch diesen Zugriff verloren. So ist das Geheimnisvolle und seine Erfahrung nicht abhängig von Wissen, Macht, Bildungsgrad, Titel, Haben oder hierarchischen Strukturen, sondern teilt sich dort mit, wo Offenheit, Ehrfurcht, Achtsamkeit und Sensibilität vorhanden sind. Deshalb ist die erfüllende und beglückende Erfahrung des Staunens ein Geschenk, das allen offen steht!

Es gibt so viel zum Staunen! In guten und in schweren Tagen. Hilfreich ist es, das Geheimnisvolle und das Staunen nicht einseitig, etwa nur den Glücksmomenten zuzuordnen. Alle Facetten des Lebens stehen in einer inneren Verbindung mit dem Geheimnisvollen, das unser Staunen auslösen möchte. Ob es das Anbrechen eines neuen Tages, die taufrische Natur, der Blick in Kinderaugen, das Hören der fernen Glocken, die duftende Rose, die erregende Berührung, die farbenprächtige Herbststimmung, die mit Liebe bereitete Speise, die Zufriedenheit nach einem Arbeitstag, ein ehrliches Versöhnungswort, ein gut gestalteter Konflikt, das Erleben des Selbstwertes, eine echte Begegnung, die Erfahrung des Wechselspiels von Geben und Empfangen, das Atmen frischer Luft, die Betrachtung einer Kinderzeichnung, das Einstimmen in die Musik, das Trocknen einer Träne, das behutsame Befeuchten trockener Lippen, das Spüren der Hand eines sterbenden Menschen, das Zuhören bei einem Lebensbilanzgespräch, das Wahrnehmen der Stille, das einfache Mit-sein ist,... es ist die nicht enden wollende Vielfalt des Geheimnisvollen, die als Einladung in jedem Augenblick neu vor uns steht.

Ich möchte immer mehr einüben, das Zugreifen, das Herbeizwingen und das Anspruch-haben-wollen aufzugeben und immer mehr offen werden! Schließlich liefern wir uns zu viel dem Druck von allen Seiten aus, der aus der Machbarkeit, der Verordnung und auch der Unterdrückung kommt. Staunen dürfen hat mit Befreiung zu tun. Befreite Menschen sind gelöste Menschen. Auf Befreiung sollen wir aber nicht nur warten, sondern wir sind gefordert, wo immer es möglich ist, uns selber zu befreien. Die selbst auferlegte oder zugelassene Unterdrückung macht einen erheblichen Teil der Unterdrückung und Erdrückung aus, die uns und unser Leben einengt. Durch das Befreien finden wir zu uns selber und wir sind nicht mehr dem Müssen verschrieben, sondern folgen der Einladung zu den Quellen des Lebens. Leben aber ist voll der Wunder und diese laden zum Staunen ein.

Staunen?

Staune nicht vor Titel
Staune nicht vor Wissen
Staune nicht vor Rang und Namen
Staune nicht vor Mächtigen
Staune nicht vor Machern
Staune nicht vor Einflussreichen
Staune nicht vor Starken

Staune vor jenen,
die schlicht und einfach,
die wahrhaft leben.

Vom Konsumieren zum Verkosten

Wir leben in einer Konsumgesellschaft. Die entsprechenden offen und versteckt übermittelten Appelle lauten: Konsumiert immer mehr! Die Botschaft des Konsumismus suggeriert, dass ausgiebiges Konsumieren glücklich macht. Aber macht es das? Ist es nicht vielmehr so, dass Konsumzwang und Konsumsucht das verkostende Genießen immer mehr blockiert? Zwischen den moralisierenden Verzichtsappellen und den aufdringlichen Konsumaufforderungen gibt es eben auch den wahrhaften Genuss und das befriedigende Verkosten. Köstliches Genießen führt nicht in die Sattheit und nachfolgende Leere, sondern belebt die Sinne nachhaltig, was umfassendes Wohl-sein schenkt.

Warum heute so viele Menschen der Konsumsucht verfallen, dürfte auch damit zusammenhängen, dass viele das verantwortungsvolle Genießen nicht lernen durften. Genießen war meistens mit schlechtem Gewissen verbunden. Ob in der Nahrungsaufnahme, im Erfahren der Sinne, im Erleben der Sexualität oder im Stehen zum eigenen Erfolg, nach außen hin zumindest musste alles in Bescheidenheit um der vermeintlichen Demut willen abgeschwächt werden. Zu schön durfte das Leben schließlich nicht werden. Es war zielführender zu jammern, als Zufriedenheit und Wohlbefinden auszustrahlen. Als Gegenbewegung förderte und fördert der zunehmende Konsumrausch scheinbar letztlich doch nur oberflächlich Genuss und Lust. So laufen heute viele Menschen ständig der Lust nach, erleben sie aber nicht wirklich, weil sie nur konsumieren, aber nicht verkosten und genießen. Wurde zum Beispiel früher vielen die Erfüllung im Erleben der Sexualität von außen vermiest, vermiesen es sich heute viele selber, weil sie zwar Orgasmen produzieren, aber nie erfahren, wie erregend, beglückend und erfüllend kreativ gestaltete Liebesspiele sein können, in denen mit allen Sinnen verkostet und genossen wird und dann auch die Lust als faszinierende Begleitmusik sich einstellt.

Daher ist es so wichtig, nicht die Konsumsucht zu bekämpfen, sondern zu erfahren, um wie viel beglückender das Verkosten ist. Nur so kann der Konsumanfälligkeit der Nährboden entzogen und der Weg für die echten Verführungen des Lebens freigelegt werden. In der ganzheitlich erfahrenen Verführung geht es nämlich nicht um Sucht, Gier, Haben-wollen und Festhalten, sondern um einander Gönnen, erregendes Spiel, tiefgehendes Erleben und beglückendes Teilen. Sich qualitätsvoll genießen und verkosten trauen hängt wesentlich mit gesundem Selbstwert zusammen, während Minderwertigkeitsgefühle dem Konsumismus zutreiben. Ich muss es mir nämlich wert sein, mit mir gut umzugehen, mir Gutes zu gönnen, meine Bedürfnisse wahrzunehmen und zu ihnen zu stehen und von meinem Leben etwas zu erwarten. Dann bin ich mit mir selber im Gleichgewicht und die erfahrenen Köstlichkeiten des Lebens sind mir Einladung, diese Erfüllung auch anderen zu gönnen. Nur wer sich ständig von anderen in die Schattenseiten des Lebens und in das Jammertal treiben lässt, will auch möglichst viele andere dort wissen. Wer dagegen ein echter Genießer ist, teilt mit anderen in Begeisterung die Lebensfreude. So brauchen wir keine weiteren Moralapostel, die in guter eigener Position den anderen Konsumverzicht predigen, sondern Menschen, die uns erfahren lassen, wie gut es ist, die Lebenskostbarkeiten umfassend und ganzheitlich zu verkosten. Das tut uns nämlich allen gut!

Lebe selber!

sie wissen die Antworten
sie kennen die Wege
sie verordnen die Rezepte
sie entwerfen die Regeln
sie bestimmen ob gut oder schlecht
sie maßen sich das Urteil an
sie verleihen oder verweigern das Qualitätssiegel
sie wissen alles

Lass sie!
Horch selber!
Spüre selber!
Suche selber!
Lebe selber!

Wenn du mit der Zeit gehst, vergehst du mit der Zeit

„Du musst mit der Zeit gehen, sonst bist du nicht ‚in'!“ So oder ähnlich klingt es oft, um, mit einem inneren Seufzer, das eigene Mitgerissen-werden zu rechtfertigen. Für ein gelingendes Leben finde ich es notwendig, dass ich zu der Zeit stehe, in die ich hineingeboren wurde. Meine grundsätzlich positive Einstellung zu meiner Zeit, in der ich lebe, ist Voraussetzung, um sie auch gut gestalten zu können. Zeitkultur, und ein gutes Gespür für den Umgang mit meiner Zeit, erfordert auch ein selbstbewusstes und kritisches Hinterfragen von allem, was scheinbar oder tatsächlich „in“ ist.

Mit der Zeit gehen kann nicht einfach verlangen, alles so zu bejahen und mitzumachen, wie es sich uns darstellt oder wie es beworben wird. Vielmehr geht es darum, Vorgegebenes von Gestaltbarem, Aufgedrängtes von Veränderbarem und Festgelegtes von Erneuerbarem zu unterscheiden. Bei aller Eingrenzung habe ich immer noch viel Freiraum, Spielraum, Entscheidungsmöglichkeit und damit auch Verantwortung.

Die Kunst guten Lebens besteht darin, durch Entscheidung selbstbewusst jene Lebensmöglichkeiten anzustreben und für meine Gestaltung zu öffnen, die für mich stimmig sind. Die Jammerei über die vermeintliche Unfreiheit und das Ausgeliefertsein macht mich immer schwächer, während die Entdeckungsreisen zu meinen Lebensoasen Kraft, Mut, Zuversicht und Stärke für persönliche Gestaltung bringen. Ich muss erspüren, erkennen und entscheiden, wo und wie ich bewusst und überzeugt Kontraste lebe. Dadurch entziehe ich mein Leben der Eintönigkeit, der Angepasstheit und dem Funktionieren. Die Zeit, und was sie kennzeichnet, ist nämlich im Fluss und sie ist gestaltbar! So darf ich meiner Zeit in bestimmtem Rahmen meinen persönlichen Stempel geben. Dann erlebe ich nicht Ohnmacht und Getriebensein, sondern die Faszination der kreativen Gestaltung. Das wieder weckt neue Lebenskräfte, neuen Lebensmut und die Erfahrung von stets neuen Lebensräumen, die mir offen stehen. Die Anpassung erdrückt, die Gestaltung in Kontrasten beglückt. Ich möchte in meiner Zeit leben, ihre Chancen sehen, ihre möglichen Erschwernisse wahrnehmen und aus dieser positiven Einstellung heraus gut leben. Schließlich möchte ich am Ende meines Lebens nicht feststellen, dass ich gelebt wurde, sondern dass ich wirklich gelebt habe. Es mag sogar ein Vorteil für uns „Heutige" sein, dass diese unsere Zeit viele Lebensbühnen anbietet. Ich will entscheiden, auf welcher ich wie lange im besten Sinn des Wortes „spielen" möchte. Nicht die aufgesetzte, sondern die von mir gewählte Rolle führt mich zu meiner Erfüllung.

„Ich will, was die anderen von mir wollen", das gilt es abzulehen, wenn ich nicht Marionette, Werkzeug oder Opfer sein will. Ich will leben und mich in meiner Einmaligkeit, mit meiner Persönlichkeit und meiner Würde aktiv, kreativ und selbstbewusst in diese Zeit und diese Gesellschaft einbringen! Darin liegt die Chance zu meiner Glückseligkeit zu finden und dabei auch für andere zum einladenden Zeichen und zum Segen werden.

Ja, ich bin Kind meiner Zeit, aber ich will zum Erwachsenen dieser Zeit werden und das in sich entfaltender Mündigkeit, Originalität und Reifung. Das gibt mir heilende Distanz wo ich es brauche, Kontrast, wo ich ihn bewusst wähle und volle Identifikation, wo ich sie will. Nicht die Zeit soll mein Leben beherrschen, sondern ich möchte meine Zeit gestalten. Es soll klar sein wofür ich stehe, wo ich mich abgrenze, wofür ich mich engagiere und wie ich mich entscheide. Dann lebe ich in dieser Zeit, ohne aber mit ihr zu vergehen.

Wenn ich echt bin, geht es mir gut!

In einer Informations-, Leistungs- und Erfolgsgesellschaft scheint nur mehr zu zählen, wie und wie oft sich jemand präsentieren kann. Beim Präsentieren, oft wäre besser vom Verkaufen zu reden, geht es in der Regel nicht um das Sein, die Person, die existentielle Kompetenz des Menschen, sondern um geschickte äußere Selbstdarstellung, um bestimmte Rollen und um antrainierte Verhaltensweisen, die beeindrucken sollen. Der Schein zählt mehr als das Sein. So wird die gespielte Rolle auf die Erwartungshaltung abgestimmt und konstruierten Bildern entsprochen. Geübtes Lächeln überdeckt den inneren Groll, die eigene Befindlichkeit wird körpersprachlich vertuscht, wahre Gefühle nur hinter dem Rücken kundgetan und trotz innerer Wut nach außen hin geschmeichelt. Man muss schließlich so tun als ob, um auf der Gewinnerseite zu sein, auch wenn es persönlich krank macht und in den Frust führt. Schon Kinder werden angehalten, sich in die Scheinwelten zu begeben, um später zur Erfolgsgeneration zu gehören. So gesehen gibt es wohl im existentiellen Bereich immer mehr männliche und frauliche Prostituierte als im sexuellen Bereich.

Als Kontrast gibt es auch heute noch, und vielleicht wieder neu, eine andere Lebenseinladung zu einer anderen Lebensqualität, nämlich den Weg der Echtheit. Oberflächlich betrachtet, mögen jene Recht haben, die meinen, wer echt ist zahlt drauf, wird an den Rand gedrängt und vom System bestraft. Etwas tiefer und vor allem ganzheitlich betrachtet zeigt sich aber doch ein anderes Bild.

Natürlich braucht Echtheit Mut, Mündigkeit, Selbstbewusstsein, Fähigkeit zum Abgrenzen und Wahrnehmung des eigenen Selbstwertes. Dann wächst die innere Stärke, die mich festigt und mich selber sein lässt. Je mehr ich diese innere Stärke erfahre und mich sein traue, desto mehr lebe und erlebe ich Ganzheit. Wer in diesem

Sinne authentisch ist und lebt, will nicht mehr bereit sein für äußerliche Anerkennung oder zugestandene Teilhabe an der Macht in die Abhängigkeit zu gehen und sich selbst zu verraten.
Echtheit lässt gut sein, weil darin erfahrene Freiheit die Kreativität fördert und sich Lebensräume auftun, deren Gestaltung wahre Befriedigung und Erfüllung schenken. Vorübergehende Einsamkeitserfahrungen durch die Nicht-zugehörigkeit zu Systemen werden bei weitem wettgemacht, wenn jene Lebensqualität und Lebensdichte erfahren wird, die ein Leben in Echtheit und Originalität schenkt. Schließlich steht dann Energie für die eigentlichen Herausforderungen des Lebens zur Verfügung, statt sie an Nebenfronten und für die Aufrechterhaltung von Scheinwelten investieren und letztlich vergeuden zu müssen.

Ich bin überzeugt, dass wir bereits auf eine Zeit zugehen, in der viele Menschen nervende Spiele durchschauen, lebensblockierende Spiele nicht mehr mitspielen wollen und sich an anderen Leistungs- und Erfolgsbegriffen orientieren wollen. Denn immer mehr Menschen haben es satt, ihren Lebenshunger oberflächlich zu sättigen, ihre Lebensträume für Erfolg in Abhängigkeit zu begraben und sich mit einem raschen Vorübergehen ihres Lebens zu begnügen. Der Durst nach einem anderen, persönlicher gestalteten und existentiell inhaltsvolleren Leben wird immer stärker. Von der Betäubungsgesellschaft abzurücken und ver-rückt das Leben in Echtheit zu leben wird immer mehr zur einladenden Vision, die auch lebbar ist. Was ist eine vorübergehende Berauschung im Vergleich zu nachhaltiger Erfüllung?

Echtheit braucht keinen Kampf, keine Überlegenheitsgefühle und schon gar nicht Selbstaufgabe. Echtheit ist die Schwester der Klarheit und lässt mit ihr orignell leben. Dann geht es mir umfassend gut.

Wir brauchen Hoffnung und Zuversicht

Vieles wird heute getan, um möglichst vielen Menschen das Gefühl der Zukunftssicherung zu geben. In einer von der Wirtschaft beherrschten Gesellschaft bieten sich vordergründig die materiellen Werte als Sicherheitsdroge an. Bei aller Bedeutung der materiellen Absicherung für das Wohlergehen des Menschen kommt zunehmend die Frage auf, wie Zukunftsvertrauen und Zukunftssicherheit in existentieller Hinsicht wachsen können. Eine einigermaßen gute materielle Situation wird wohl für alle ein bedeutsamer Baustein für Zukunftsperspektiven sein, aber nicht alleiniger Grundbaustein. So unsinnig und unrealistisch die Totalabwertung des Materiellen von so mancher Seite in früheren Zeiten war, so fragwürdig ist die Totalkonzentration auf das Materielle heute und für die Zukunft. Alles im Leben braucht eine innere Mitte, aus der heraus gestaltet und gelebt wird. Aus dieser inneren Mitte heraus können auch Hoffnung und Zuversicht wachsen, wenn wir selber die Rahmenbedingungen dafür schaffen. Dazu gehört es, dass ich selber mehr Klarheit über mich, meine Lebensgeschichte, meine Lebenswege und meine Lebensvisionen finde. Es braucht gleichsam eine innere Versöhnung mit meinem Leben, das Annehmen meiner Lebensherausforderungen einschließlich der Härten meines Lebens, das Stehen zur Polarität im Sinn der Spannungsfelder und die Offenheit und den Glauben, dass mein Leben als Ganzes gut ausgehen kann und wird. Auch wenn das alles nicht erzwungen werden kann, so kann ich doch durch existentielles Gestalten mein Grundvertrauen wachsen lassen. Wenn ich mich nicht mehr einfach treiben lasse, die Verantwortung für mein Leben nicht mehr anderen zuschiebe, mein unnötiges Sorgen, das andere ohnedies belastet, reduziere und die Gestaltung meines Lebens selber in die Hand nehme, werde ich zunehmend aktiviert, motiviert und zukunftsorientiert und ich wechsle von der Passivität in die kreative Aktivität. Das verleiht meiner Seele Flügel und baut schrittweise einen Lebensoptimismus auf, der meinen Lebenshorizont ständig erweitert. Da sich dadurch auch mein Selbstwert hebt, steigt auch die Lebensstimmung. Genau darin kann Hoffnung keimen und Zuversicht wachsen.

In den Grunddimensionen geht es immer um das Wechselspiel von Selber-tun und Mich-beschenken-lassen. Wenn kreative Aktivität und offenherzige Erwartungshaltung sich vernetzen, kann sich auch ein existentielles Sicherheitsnetz bilden, das mich stark sein lässt und mich zum handlungsfreudigen und -fähigen Menschen werden lässt.

Bei ehrlicher Auseinandersetzung mit unserer Lebensgestaltung werden wir entdecken, dass Hoffnung und Zuversicht aus grundlegendem Vertrauen in das Leben nicht Ausnahmegeschenke für einige Privilegierte sind, sondern allen zum behutsamen Ergreifen durch Entscheidung offen stehen. So sind Lebenshoffnung, Lebenszuversicht und Zukunftsglaube nicht an bestimmte Weltanschauungen, Kulturen und Religionen gebunden, sondern in die Herzen der Menschen gesät, wo jede und jeder selber die Entscheidung trifft, ob das Samenkorn zu wachsen beginnt. Das soll nicht bedrückende Last, sondern faszinierende Einladung sein, die uns innerlich wach ruft und zu Verbündeten der Zukunft macht. Neuorientierung in diesem ganzheitlichen Sinn lässt mich Geschmack am Leben finden und zum Lebensverkoster werden. So werden Hoffnung und Zuversicht nicht nur Quellen für mein Handeln, sondern als Grunddimensionen meines Seins entdeckt, erfahren und fruchtbar gemacht.

Ich habe noch tausend Träume

Obwohl die Lebenserwartung ständig steigt, haben so viele Menschen das Gefühl, dass das Leben so kurz ist. Liegt es vielleicht daran, dass viele sehr früh aufhören zu träumen? Ohne Träume können wir nicht leben. So wie der Traum psychologisch betrachtet als Reinigungsprozess und für das innere Gleichgewicht unverzichtbar ist, so ist das Träumen existentiell notwendig. Träume und Visionen fördern den Lebenswillen und Lebensmut und schenken erfrischende Lebendigkeit, die alles in uns durchwirkt, erregt und erfüllt.

Auch viele jüngere Menschen beklagen in begleitenden Gesprächen, dass ihre Träume versiegt sind. In der Erziehung schon früh auf die sogenannte Realität festgelegt und von der Spontaneität getrennt, von der Hektik des Alltags getrieben, von vielen Lasten bedrückt und durch mangelnden Selbstwert bald fremdgesteuert, ist vielen der Nährboden für Träume und Visionen entzogen worden. Wie die Praxis zeigt, ist dieser Nährboden aber in der Regel nicht gänzlich zerstört. Er lässt sich wieder aufbereiten, düngen und zum Blühen bringen.

Meine Träume und Visionen möchten von mir, aus meiner inneren Mitte kommen. Sie möchten Ausdruck meiner Einmaligkeit, meiner Persönlichkeit und meiner Originalität sein, und sie möchten den göttlichen Kern in mir entspringen lassen. Träume und Visionen sind nicht konstruierbar, nicht planbar und schon gar nicht auf Knopfdruck machbar und erzwingbar.

Wenn ich bereit bin, regelmäßig nach außen abzuschalten und nach innen zu horchen, dann bin ich im Meer des Lebens und der Lebenskräfte. So finde ich Wasser, das meine Lebenswüsten bewässert und alles fruchtbar werden lässt.

Dann treibt es mich von innen her an, mich dem Leben neu anzuvertrauen, an meine Lebensmöglichkeiten zu glauben, meine Lebenshoffnungen aus der Verschüttung zu befreien und viele neue Lebenswege vor mir zu sehen, die mich einladen, sie zu beschreiten. Ich habe noch tausend Träume und mehr, wird es dann in mir singen und ich werde spüren, dass es wahr ist. Weil es von innen kommt und ein Teil von mir ist, wird mir diese Träume auch niemand nehmen können. Das macht mich stark, mutig und selbstbewusst. Alle Hoffnungen und Träume, die von außen an mich herangetragen werden, für die ich mich bettelnd klein und abhängig mache oder für die ich mich gar verkaufe, können nur in die Enttäuschung führen, weil ich nicht nur mich, sondern auch meine Verantwortung abgegeben habe. Die unerschütterlichen und lebbaren Träume und Visionen, die mir letztlich niemand nehmen kann, nicht einmal Leid und Tod, kommen im Ursprung aus meiner inneren Mitte, aus der Mitte meines Seins. In vielen Quellen entspringen sie dort und möchten zu Lebensflüssen und Lebensströmen sich entwickeln, um Vielfalt darstellend letztlich in das göttliche Lebensmeer zu fließen.

Ich habe noch tausend Träume und mehr! So kann es in mir und aus mir singen, wenn ich es ermögliche, wenn ich immer wieder neu mich meinem Ursprung öffne, ursprünglich lebe und meine innere Mitte Kraft-, Erneuerungs- und Veränderungsquelle sein lasse. Je mehr ich so in mir im Lot bin, desto mehr werden meine Träume und Visionen zu meinen Lebenswirklichkeiten. Von dort her, und nicht von den mir aufgesetzten Realitäten, werde ich Leben erfahren, dichtes und beglückendes Leben, das dann schon wieder Nährboden für neue Träume und Visionen ist.

Träumen

Seit ich mich wieder spüre
wieder bei mir einkehre
in mich gehe
und in mir verweilen kann
darf ich wieder träumen!

Seit ich gut zu mir bin
auf mich achte
mich selber wahrnehme
und in mich hinein horchen kann
darf ich wieder träumen!

Seit ich mich selber leben traue
aus meiner inneren Mitte lebe
meine Einmaligkeit entdeckt habe
und wieder träumen darf
bin ich mitten im Leben!

Alles wirkliche Leben ist geprägt von Veränderung

Leben ist dem Wesen nach im Sinn von Dynamik und Entwicklung auf Zukunft ausgerichtet. Natürlich haben Ursprung, Verwurzelung und Verankerung als Urgrund bleibende Bedeutung und Wirksamkeit, aber der motivierende Lockruf für Entwicklung kommt aus der Zukunft. Die Lebenspraxis vieler Menschen zeigt, dass die oft vorhandene Überbetonung der Tradition den Lebensfluss einschränkt und auch blockiert. Die Traditionsverhaftung verdeckt nämlich oft sowohl den Ursprung als auch das Ziel. Wer die Vergangenheit idealisiert, absolut setzt und in ihr lebt, versäumt sehr leicht Gegenwart und Zukunft. Die Traditionsverherrlichung kommt oft von Menschen, die Probleme mit der Gegenwart und starke Ängste vor der Zukunft haben. Dabei werden aber nicht nur Wege in die Zukunft blockiert, sondern auch der Zugang zum Ursprung versperrt.

Leben ist Ereignis, Prozess, Dynamik und in alledem geprägt von der Gestaltungskraft der Veränderung und ständigen Erneuerung. Dabei geht es nicht um Veränderung als Selbstzweck, sondern um Leben und seine Verdichtung. Leben möchte durch Entfaltung immer dichter, qualitätsvoller, ganzheitlicher, beglückender und letztlich erfüllender werden. Warum sollen wir also Lebensblockaden, neurotische Lebensmuster oder lebensfeindliche Einstellungen von Generation zu Generation weitergeben, wenn vom Ursprung und von der Zukunft her anderes sich entwickeln soll. Es ist in der Regel schon schwer genug, den „Lebensmist“ der eigenen Lebensgeschichte gut zu entsorgen, um frei für besseres Leben zu werden. Warum sollen wir uns dann noch umfassende Lebenshemmnisse aufladen und sie mitschleppen? Unnötiger Traditionsballast hindert uns nur, unsere Lebenswege unbeschwert, mutig, leicht und froh zu gehen.

Vom göttlichen Ursprung her sollte Leben mit Leichtigkeit, Gelassenheit, Frohsinn und mit Spiel zu tun haben, um so auch in die harten existentiellen Herausforderungen nicht schon verkrampft hinein gehen zu müssen. Aber das scheinen viele sich und auch den anderen nicht gönnen zu können.
Viel an Lebenslasten ist hausgemacht, nicht aufgeladen. Viele Lebensquellen versiegen, ohne dass aus ihnen Kraft geschöpft wird. Viele Träume hören auf, weil sie nicht angenommen und an ihre Verwirklichung nicht gehofft wird. Viel an Lebenslust wird nicht erfahren, weil der Lebensjammer gewählt wird. Viel an Lebensfreude ereignet sich nicht, weil auferlegter Schwermut und Schwere wegen der Vertröstung auf späteres Glück der Vorzug gegeben wird.

Veränderung heißt, die Lebensgestaltung und -verantwortung selber in die Hand zu nehmen und aus dem Herzen heraus ein Bündnis mit den Kräften des Lebens einzugehen, und so eine tragfähige Lebensbrücke vom Ursprung zur Zukunft zu bauen. So hart es klingt, aber im letzten kann nur ich selber mich am Leben hindern. Ich entscheide, wem ich glaube, was ich erwarte, worauf ich hoffe, wovon ich loslasse, wohin ich mich orientiere und wofür ich mich entscheide.

Mein Herz, mein Gewissen, meine innere Mitte, sie sagen mir wo es lang geht und wie ich Zukunft erleben darf, die mich auch schon auf dem Weg beglückt. Wir werden geboren, um zu leben. Jede Veränderung ist eine kleine Geburt in neue Lebensmöglichkeiten hinein. Jede Geburt hat mit Loslassen und Ereignis des Neuen zu tun. Vergangenheit hält zurück, Zukunft lädt zum Aufbruch ein.Wir brauchen unsere Vorfahren nicht zu bewerten und ihre Lebenswege nicht zu beurteilen. Sie haben ihr Leben mit ihren Rahmenbedingungen gelebt. Der Respekt davor soll uns nicht ins Nachleben führen. Wir wollen zukunftsorientiert selber leben.

Glaub an dich, und niemand kann dich am Leben hindern

Lange Zeit wurde Menschen eingeredet, sich selbst nicht zu überschätzen, demütig zu sein, nicht überheblich zu werden, sich selber klein zu machen und ja nicht egoistisch zu sein. Vor allem bescheidene Menschen, mit nicht besonders ausgeprägtem Selbstwertgefühl, nahmen sich das besonders zu Herzen und glaubten an alles mögliche, nur nicht an sich selber. Vielen ist diese blockierende Lebenseinstellung geblieben. Wer nicht an sich selber glauben kann, steht sich selber, der eigenen Entwicklung und Reifung im Weg. Der oft zu hörende Hinweis auf die Gefahren der Egoismen sind keine Rechtfertigung, die es legitimiert, Menschen klein zu halten. Im Gegenteil, wer klein gehalten wird und sich gedrückt fühlt, baut Aggressionen, Neid, Missgunst und Wut auf und flieht oft in versteckte Formen der Notwehr, wie etwa in den Zynismus.

So betrachtet ist es heilsam, schon in der Erziehung des Kindes darauf zu achten, dass Selbstvertrauen, Selbstbejahung, Selbstwertschätzung und Selbstliebe gefördert wachsen können und dass schon das Kind einübt, an sich selber zu glauben. Das schenkt Mut und Risikobereitschaft für die Lebensgestaltung, erfüllt mit Initiativgeist, macht vom Grund her optimistisch, lässt Erfolg ganzheitlich erleben und orientiert sich wieder auf Zukunft hin. Ein guter Selbstbezug befähigt sowohl zum Gestalten der Einsamkeit als auch des Gemeinschaftsbezugs. Die Ausstrahlung auf Mitwelt und Umwelt wird grundlegend positiv und innere Stärke baut Ängste und Ängstlichkeiten ab.

Wenn ich an mich selber glaube, handle ich zunächst einmal aus eigener Stärke und mit meiner originellen Energie und muss nicht anderen Energie „rauben“. Das ist in einer Zeit, in der so viele beklagen, dass sie sich zunehmend leer und überfordert fühlen, sehr entscheidend. Wenn ich an mich selber glaube, lebe ich nämlich aus Selbstverantwortung und trage Sorge für mich und mein Handeln. Das wieder lässt mich meine Freiheit, Kreativität und Spontaneität erfahren und durchwirkt mich mit dem Segen der Freude. Vieles wird leicht und locker, weil ich erfahre, dass es gut möglich ist, mit meiner Verantwortung zurecht zu kommen. Nicht das Meine, die eigene Entscheidung, die persönliche Verantwortung und die eigenen Herausforderungen bringen den Ballast,die Überforderung und das Erdrückende, sondern das Unklare, das Vermeintliche, das verschwommen Aufgeladene und das unbefragt Zugeteilte.

Es gilt zu mir zu stehen, das Meine in die Hand zu nehmen, meine Stärken zu entdecken und mich gut und klar abzugrenzen. Mein Leben erdrückt mich nicht, meine Lebensherausforderungen sollen mich nicht erschrecken und meine Verantwortung wird mich nicht erschlagen, wenn ich an mich und meine Möglichkeiten glaube. Dann lebe ich nämlich selber und werde nicht von außen gelebt. Mein Gewissen, meine innere Stimme führt mich behutsam und gut durch die Tiefen und Höhen meines Lebens und meine Lebenswege werden mir zum Segen und zur Erfüllung. Dann erübrigen sich Vergleich, Konkurrenz, krampfhafte Nachahmung, oberflächliche Anpassung und selbstverleugnende Anbiederung. Es geht nicht um die Frage, ob mein Leben andere beeindruckt, sondern ob es für mich stimmig ist, ob ich eins mit mir bin und ob ich mir selber treu bin. Wenn jemand mein Leben blockiert, sind es nicht die anderen, wie oft vermutet wird, sondern ich selbst bin es.

Der Glaube an mich macht mich stark und schützt mich, dann fließt mein Leben, und ich bin offen aus Stärke, nicht aus Abhängigkeit. Wenn ich in mich hinein horche, meiner inneren Stimme folge und so im Lot bin, dann bin ich mitten im Leben und werde zum Segen – für mich und für andere.

Sei verrückt und ver-rücke!

In unserer Gesellschaft wird an allen Ecken und Enden zur Anpassung eingeladen. Wer sich anpasst, darf dabei sein und wird belohnt. Das ist verführerisch. Sich der Anpassung und dem Mitspiel entziehen, bedeutet Kontrast zu leben. Natürlich wäre es vermessen, Anpassung an sich und generell als negativ hinzustellen und den Kontrast von vornherein und allgemein positiv zu bewerten.

Verrücken und verrückt sein bedarf der qualifizierten Suche, Entscheidung und Verantwortung, damit daraus qualitätsvolles Sein wachsen kann. Vieles in unserer Gesellschaft läuft heute oberflächlich, unehrlich und billig angepasst. Das Dabeisein zählt mehr als wahrhaftes Sein, das aufdringliche sich Zeigen mehr als das achtsame Mitgestalten und die persönliche, oft protzige Eitelkeit mehr als der gesunde Stolz.

Es erfordert Mut, Entscheidungsfähigkeit, gesunde Selbsteinschätzung und eine starke Persönlichkeit, den Verführungen zur billigen Anpassung zu widerstehen und dafür die Wege der Echtheit zu gehen. Das kann Ärgernis geben und nicht selten als provokant empfunden werden. Wenn ich aber in mir stark bin, habe ich die Kraft, aus innerer Klarheit auch nach außen klar zu sein und dann bin ich nach allen Seiten ich. In diesem Sinne braucht unsere Gesellschaft in allen Lebensbereichen „Verrückte“, die verrücken. So wird der Kontrast die gesunde Herausforderung für das Gewohnte und Gewöhnliche und das Leben wird bunter, vielfältiger, lebendiger und noch viel geheimnisvoller. Auf diese Weise werden mit der Zeit auch Monopolansprüche nicht nur in Frage gestellt, sondern aufgebrochen. Schließlich gibt es viel zu viele selbsternannte „Herrscher“, die im Kleinen und Großen andere gängeln, unterdrücken und über den Lohn für die Anpassung gefügig machen. Von Klein auf sollen Menschen ermutigt werden, sich den Werten der

Selbstachtung, Selbsttreue, der Persönlichkeitsstärkung und dem Leben nach der eigenen Überzeugung zu verschreiben. Nicht der Slogan „passe dich an, dann wird es dir gut gehen", soll gefördert werden, sondern die Einladung zu einem Leben in Echtheit, Einmaligkeit und Würde. Damit werden gängige Wertvorstellungen der Gesellschaft verrückt und zwar bewusst, um den Menschen in seiner Ganzheit und nicht bloß sein „Funktionieren" in die Mitte zu rücken.

Je leistungsfixierter und erfolgsorientierter im Sinn des Habens eine Gesellschaft wird, desto mehr braucht sie Menschen, die sich Leistung, Erfolg und Haben-wollen nicht einseitig definieren lassen, sondern um Vertiefung, Qualität, Vielfalt und Weite des Lebens bemüht sind. Wahrhafte „Lebensverrückte" provozieren nicht aus Prinzip, um um jeden Preis aufzufallen oder um des Provozierens willens, sondern aus ehrlicher Ausrichtung auf mehr Leben hin. Verrückt nach Leben sein bedeutet mit Begeisterung, nicht aus Fanatismus, berührt, aber nicht besessen, durch Zeugnis, aber nicht aufdringlich einem bewussten und intensiven Leben die Wege zu bereiten.

Eine lebensorientierte Gesellschaft, die auch die Gemeinschaft fördert und nicht zur Masse verkommt braucht „Verrückte", die einladende Lebenswegweiser sind und so auch andere auf den Geschmack auf mehr Leben bringen. So kann es zu einer Korrektur von der Quantität zur Qualität kommen, nach der sich im Grunde viele, wenn auch unbewusst, in ihrem Herzen sehnen. „Lebensverrückte" lassen sich vor allem aus dem Herzen heraus leiten, sie achten auf ihr innerstes Gefühl und lassen sich von der Lebenserotik verführen. So wird das Leben nicht zum Ergebnis perfekter Planungen, sondern zum ständigen Ereignis. Dann stehen nicht die festgelegten Lebensmodelle im Vordergrund, sondern das Leben selbst führt Regie. Und das Leben selbst ist immer noch vielfältiger, bunter und ereignisreicher als noch so kluge Planungen.

Sach-gerecht oder menschen-gerecht?

Ständig ist heute von sachgerechten Überlegungen, Strategien und Handlungen die Rede. Mit dem Begriff „sachgerecht" soll uns der Eindruck von Objektivität, Wichtigkeit und Kompetenz vermittelt werden. Wer will schließlich sachgerechte Entscheidungen und Umsetzungen in Frage stellen? Aber verbirgt sich dahinter nicht auch sehr viel an versteckter Macht? Vor allem die Machtausübung der Wirtschaft, der Konzerne oder des sogenannten Marktes versteckt sich doch oft unter dem Titel der Sachgerechtigkeit. Aber wem geht es noch um den Menschen? Sachzwängen wird alles geopfert, aber wer nimmt die Menschen mit ihren Anliegen wahr?

Die übersteigerte Sachorientierung etwa mag vieles im Sinne der Wirtschaft blühen lassen. Aber wem nützt das, wenn gleichzeitig das Menschsein verkümmert? Wenn laut geschrien wird, dass der Markt es braucht und verlangt, wird es gehört und dem Rechnung getragen. Und was ist, wenn Menschen aufschreien, weil sie so nicht mehr können, weil sie von Informationen überfüttert, von der Werbung gegängelt und von den sogenannten Notwendigkeiten überfordert, in Erschöpfung am Grat der Sinnlosigkeit wandeln? Ist das aufgezwungene „Funktionieren" des Menschen wirklich der Weisheit letzter Schluss? Hieße menschengerecht handeln nicht zuallererst, alles auf den Menschen auszurichten und das Menschsein zu fördern, beziehungsweise zu ermöglichen?

Viele empfinden es als Hohn, wenn Politiker auf Plakatflächen menschengerechtes Handeln ankündigen oder einfordern und dann doch wieder alles den sogenannten Sachzwängen untergeordnet wird. Auch im politischen und gesellschaftspolitischen Bereich müsste vieles zunächst einmal leiser werden um das wieder hören zu können, was an Stimmen im Innersten der Menschen sehr wohl zu vernehmen wäre.

Ich bin überzeugt, dass es in den Herzen unendlich vieler Menschen viel Bereitschaft gibt, im Sinn der Solidarität auf allen Ebenen, das Menschsein zu finden und die Lebensprozesse menschengerechter und damit menschenwürdiger zu gestalten. Aber viel davon wird verdrängt, weil so viele durch den Lebensalltag überreizt, überfordert und dadurch oft auch schon (dieses) Lebens überdrüssig sind.

Gott sei Dank wächst in vielen Menschen die Einsicht und die Bereitschaft für Veränderungen. Die Entdeckung der Kostbarkeit der Zeit, der Notwendigkeit der Beziehungspflege, der Sensibilität für das Wesentliche und der Fähigkeit des Anders-werdens rüttelt viele wach. Oft fühlen sich diese neu lebensorientierten Menschen noch zu ohnmächtig, zu kraftlos und zu allein, um sich mutig und nachhaltig auf neue Wege zu trauen und das Menschengerechte dem Sachgerechten überzuordnen. Aber in vielen Herzen hat der Aufbruch zumindest zaghaft begonnen. Jetzt brauchen wir die wechselseitige Ermutigung, um uns aus verschiedensten Zwängen schrittweise zu befreien und uns dem Menschen und dem Menschsein zuzuwenden. Dann werden wir erfahren, dass Lärm auch abstellbar ist, dass Informationssucht nicht die große Erfüllung bringt, dass wir mehr Freiheit haben als wir meinen, und dass es möglich ist, Erneuerung auf mehr Leben hin zu gestalten. Menschengerecht handeln bedeutet, den Menschen in die Mitte zu rücken und so die Welt zunächst einmal im Kleinen menschlicher werden zu lassen. Dann kann vieles im Leben wieder sinnvoll erfahren werden und daraus eine Zukunftsorientierung wachsen, in der die Hoffnung stärker ist als die Angst und die Zuversicht größer als die Ansätze der Resignation aus Überforderung.

Ich möchte, dass mich jemand verstehen kann!

Ob in therapeutischen Begleitungen, in seelsorglichen Gesprächen oder in ganz schlichten Begegnungen im Alltag: immer wieder stoße ich auf eine große Sehnsucht der Betroffenen, sie möchten von jemandem verstanden werden. Diese Sehnsucht wächst natürlich besonders in den Grenzsituationen des Lebens, wie in Leiderfahrungen. Wir haben heute (fast) alle ständig kurze, oberflächliche Gespräche, kurze Gruß-kontakte und kollegialen Austausch zwischendurch, aber viele finden kaum jemanden, in dessen oder deren Nähe tiefere Begegnungen wachsen können. So haben wir vielfach die paradoxe Situation, dass einer Vielzahl oberflächlicher Beziehungsfelder eine dichte Einsamkeitserfahrung gegenübersteht. Die oft gepriesene Informationsgesellschaft mit so vielen technischen Möglichkeiten wie Handy, Internet und anderem lässt trotzdem viele ohne Ansprache, ohne Wahrnehmung, ohne Verstanden werden und ohne Begegnung vereinsamt dastehen. Es geht dabei nicht um wertende Vergleiche vergangener Zeiten mit der Gegenwart oder um Idealisierung der Vergangenheit, sondern um die Herausforderung, gegenwärtige Möglichkeiten der Kommunikation nicht der Vermassung und Oberflächlichkeit zu opfern, sondern mehr in den Dienst des Mensch-seins zu stellen.

Wie in allen Lebensbereichen geht es um unsere persönlichen Grundmuster und Grundeinstellungen. Für andere offen zu sein, bereit zu sein, andere ganzheitlich wahrzunehmen und zu verstehen und qualitätsvolle Begegnungen zu gestalten, ist schlicht und einfach eine Frage unserer Wertordnung und Lebensorientierung. Es fehlt uns nicht an der Zeit, wie es oft heißt, sondern wir nehmen sie uns nicht, weil wir anderes für wichtiger halten.

Aus meinen Erfahrungen heraus bin ich überzeugt, dass wir eine neue Form der Achtsamkeit erlernen und wachsen lassen müssen, die uns im Hinblick auf uns selbst achtsamer werden lässt und daraus auch für unsere Mitwelt. Achtsamkeit bedeutet für mich einfühlsam horchend zu sein, Masken abzulegen, auf Phrasen zu verzichten und mit viel Ehrlichkeit, Echtheit und Mut das wahrzunehmen, was ich mitteilen möchte. Es geht dabei um die Qualität des Horchens. Eben nicht nebenbei irgendwie etwas wahrzunehmen, sondern ganzheitlich horchend zu werden. Um das zu können, ist es notwendig, die auf uns einströmenden Informationsflüsse zu begrenzen, so manches abzuleiten und abzuschalten, Wesentliches von Nebensächlichkeiten zu unterscheiden und vor allem öfters in den Zustand des Innehaltens und der Stille zu gehen. So können wir wenigstens teilweise dem alles übertönenden Lärm entkommen und das bewusste Horchen lernen.

Wer sich verstanden fühlt wird fähig, Leidensdruck zu verringern, Selbstgestaltung zu probieren und Positives zu verstärken. Ob Leid, ob Schulderfahrung, ob Sinnlosigkeitsgefühl oder Verzweiflung, wenn mich jemand verstehen kann und mir bergende Zuwendung schenkt, beginnen sich Tore zu öffnen und Enge beginnt sich zu weiten. Mich und andere verstehen schenkt heilende Stärkung, gehobenes Selbstwertgefühl, mutigeres Auftreten und selbstbewusste Lebensgestaltung aus der behutsamen Einmaligkeit heraus.

Es ist berührend, wenn einem ein junger Mensch nach einem Suizidversuch im Gespräch nach der Rettung sagt: „Wenn mir vorher jemand ein Mal zugehört hätte, hätte ich anders gehandelt! Ich möchte, dass mich jemand verstehen kann!“ Ehrlich betrachtet, tragen wir doch alle diese Sehnsucht tief in unserem Herzen. Wir sollten die Konsequenzen daraus ziehen!

Hörst du mich?

Du bist anwesend
Du stehst neben mir
Du denkst nach
Du überlegst
Du starrst vor dich hin

aber

Horchst du mir zu?
Bist du da?
Nimmst du mich wahr?
Spürst du dich?
Spürst du mich?

Hörst du mich?

„Es wird alles lächerlich, wenn wir an den Tod denken!“

Solche und ähnliche Zitate möchten uns im Sinne uralter Lebensweisheiten wachrütteln. Dabei mögen uns diese „Lebenserinnerungen“ nicht Einschüchterung, Angst und Drohung sein, sondern ermutigende Einladung, dem Leben auf allen Ebenen Vorrang zu geben.

Da ich fast täglich auch mit sterbenskranken Menschen beisammen sein darf, erlebe ich in diesen Begleitungen, dass es wirklich möglich ist, angesichts des Todes sich dem Leben zu verschreiben. Sobald der Tod hautnah anklopft, entdecken viele Menschen plötzlich Möglichkeiten zum Leben, die vorher nicht wahrgenommen und oft nicht einmal erträumt wurden.

Wir sind eingeladen, unser Leben so zu gestalten, dass die Wahrnehmung des Todes, auch des eigenen, dazu führt, möglichst viele Lebenssehnsüchte zu erfüllen und das vor allem in Hinblick auf Qualität. Vor allem glaubende Menschen schmerzt es, dass es den Religionen nicht gelungen ist und auch heute auf weiten Strecken nicht gelingt, die Realität des Todes als Lebensmotor zu sehen. Statt den Tod einzusetzen, um warnend und drohend die Lebenskräfte zu zügeln, Lebenssehnsüchte einzudämmen und Lebensströme überzuregulieren, sollte eine Achtsamkeit für den Tod wachsen, die uns intensiver, bewusster, lockerer und befreiter leben lässt.

Ja, angesichts des Todes wird vieles lächerlich! Lächerlich, weil wir oft wie Narren leben, die ständig vom Lebensdurst reden und nicht merken, dass rundherum alles voller Lebensquellen ist. Statt uns mit den angebotenen Lebensenergien zu stärken und damit intensiv zu leben, wenden wir uns unter ständigem Jammer den kräfteraubenden Dimensionen zu und ziehen in Scharen an den Lebens-rändern dahin, vereint in der Klage, dass wir doch so gerne mehr vom Leben hätten. Um das alles aber nicht mitzubekommen wird verdrängt, mit Suchtverhalten betäubt, gejammert, resigniert und auf Gott oder das Schicksal geschimpft. Mit der Restenergie wird davon geträumt, dann, wenn das Schicksal einmal gnädiger ist, anders zu leben. Genau in diese absurde Situation hinein möchte uns der Tod diese lebenstötenden Strategien in ihrer Lächerlichkeit aufzeigen und uns ermuntern, uns doch endlich für das Leben zu entscheiden, das, wenn auch durch Leid, Trennungserfahrung und Grenzsituationen mitunter hart angefragt, letztlich und damit auch jetzt erfüllend gestaltet werden kann.

Wenn ich noch dazu meinen Tod nicht als absolutes Ende, sondern als Übergang deuten, hoffen und glauben darf, ruft er mir ununterbrochen zu: lebe! Lebe! Lebe jetzt! Und lebe dich ein in die Fülle des Lebens!

Wenn der Nebel mein Feind ist, und ich mache ihn zu meinem Freund, wenn die Dunkelheit mir Angst macht und ich entdecke in ihr auch die bergende Heimeligkeit, und wenn ich die An-forderungen des Lebens an mich nicht mehr generell nur als Bedrohung empfinde, sondern als Förderungsmöglichkeit entdecke und gestaltend Antwort gebe, bewege ich mich auf die Mitte des Lebens zu. Das macht mich freier, gelassener, selbständiger, genießender, innerlich stärker und lässt mich Weite und Geborgenheit erleben.

Der Tod betrifft jede und jeden von uns. Was das für mich und dich für das Leben bedeutet, entscheidet nicht schicksalshaft der Tod, sondern mit aller Verantwortung du und ich! Das gibt mir Mut zum Leben, trotz allem Entmutigendem, das gibt mir Zeit zum Leben, trotz und gerade wegen aller zeitlicher Begrenzung und das schenkt mir genug Möglichkeit zum Leben, wenn ich das wirklich und nicht nur vermeintlich will!

Ich will leben!

Wenn ich könnte…
Ich würde gerne…
Wenn das Leid nicht wäre…
Sobald es geht, werde ich…
Wenn die Umstände es erlaubten,…
Wie schön wäre es, wenn auch ich…
Wenn meine Umgebung anders wäre…
Wäre nicht das dazwischen gekommen, hätte ich ohnedies…
Wenn ich mehr Zeit hätte, würde ich…

Genau dahinein fragt mich der Tod:
Ist das nicht alles lächerlich?
Was willst du eigentlich?
Worauf wartest du?
Willst du leben?

Will ich leben?

Baut euch den Himmel auf Erden! – Eine Überforderung?

Die Sehnsucht des Menschen geht in Richtung Himmel. Himmlische Erfahrungen sind gefragt und erwünscht. Wegen mangelnder Himmelserfahrungen wird die Sehnsucht danach zur Sucht und zur Gier, was wiederum zur gegenteiligen Erfahrung führt.

Wahrscheinlich dürfen wir es so sagen: Hier ist nicht der Himmel! Aber es gäbe viel, viel mehr Möglichkeiten für himmlische Erfahrungen, als wir zulassen. Hier den Himmel im Vollsinn bauen zu wollen, führt wohl direkt in die krampfhafte und verkrampfte Überforderung und in die Leere der Erschöpfung. Wenn wir aber aufhören, „Himmel" und „Erde" gegeneinander auszuspielen und Diesseitigkeit und Jenseitigkeit ständig in fragwürdige Konkurrenz zu bringen, stehen uns viele himmlische Erfahrungen offen, noch nicht grenzenlos in der Erfüllung, aber sehr wohl reichlich genug, um existentiell gesehen gut und beglückend leben zu können.

Unser Problem ist oft, dass wir himmlische Zustände mit Macht produzieren, über sie verfügen und sie festhalten wollen, ganz im Sinn der modernen Leistungs- und Konsumgesellschaft. Himmlische Erfahrungen brauchen aber andere Voraussetzungen und Rahmenbedingungen. So bedarf es der Bereitschaft zur Offenheit, zur Empfänglichkeit und zur staunenden Erwartungshaltung. Wenn ich möglichst ganz ich selbst bin, für meine Lebenswege offen bin, meine persönliche Kreativität einbringe, mich beschenken lassen kann, wenn ich verantwortungsvoll offen für Mitwelt und Umwelt bin und meinen Herzensblick auch immer wieder in die himmelblaue Grenzenlosigkeit in Ehrfurcht richten kann, werde ich in himmlische Ereignisse geführt, die mich in aller vorhandenen Begrenztheit zutiefst beglücken können. Im

Wechselspiel von Geben und Empfangen, von Bauen und Bauen lassen, von Schaffen und Geschehen-lassen, von Horchen und Antwort-geben, von Innehalten und Aktiv-sein und von Hunger und Sättigung, kann mir Himmel erwachsen. Dann reicht Himmel so weit in mein Leben herein, dass eine scharfe Abgrenzung zuweilen hier und dort, jetzt und dann, oder Himmel und Erde nicht mehr nötig ist. So erübrigen sich viele Schuldzuweisungen, Androhungen, Vertröstungen, Enttäuschungen und Verängstigungen, und es werden Energien frei, um bewusster, intensiver und vor allem beglückender leben zu können. Wer ehrlich und ganzheitlich im Jetzt leben kann, ist immer auch für die Zukunft bereit. Dann erübrigt sich das Festhalten des Gegenwärtigen genauso wie die Zukunftsangst. Wer wahrlich im Fluss des Lebens ist, ist immer auch schon mit dem Lebensmeer in Verbindung und Leben kann sich fließend ereignen.

Viele haben den Himmel aus den Augen verloren, weil er ihnen zu weit weggerückt wurde. Die alte Formel dafür war: zuerst Jammertal und dann erst Freudenmeer. Nachdem sich das auf Dauer nicht leben lässt, wächst der Zwang, dem Jammertal krampfhaft zu entkommen und „Ersatzhimmel“ zu bauen, die wenigstens kurzfristig und oberflächlich Himmlisches vortäuschen. Der nachfolgende Katzenjammer scheint dann für begrenzte Zeit die Jammertal-these wieder zu bestätigen. Aber wer wirklich will, kann ja aus diesem kräfteraubenden Spiel aussteigen und sich dem Leben und damit auch dem Himmel jetzt schon zuwenden. Wenn ich noch dazu herzhaft und lebendig im Glauben verwurzelt bin, dass wir schon erlöst, befreit und noch dazu göttlich begleitet sind, komme ich ohnedies noch mehr auf den himmlischen Geschmack erfüllenden Lebens. Wir brauchen so gesehen nicht krampfhaft den Himmel bauen, weil uns der Himmel offen steht, wenn wir dafür bereit sind.

Freiheit: Last oder Lust?

Es ist schon sonderbar: einerseits dürften kaum vor uns so viele Menschen so viel Freiheit gehabt haben wie in unseren Lebensräumen heute, andererseits beklagen immer mehr Menschen, dass sie sich ausgeliefert, unfrei und abhängig fühlen. Sicher gibt es dafür eine Reihe von Gründen. So spielt bestimmt eine große Rolle, dass viele Menschen heute zwar nicht mehr so in Abhängigkeit gesellschaftlicher Institutionen stehen, es dafür aber viele neue und oft getarnte Abhängigkeiten gibt. Außerdem wird neuerdings den Menschen immer wieder auch gezielt suggeriert, dass die derzeitige Freiheit sie total überfordere und diese längst für sie zur Last geworden sei. Auch so können ganz unauffällig neue Abhängigkeiten aufgebaut werden.

Ich glaube, dass es wichtig ist, Freude an der Freiheit wachsen zu lassen und in Verbindung damit Verantwortungsfähigkeit und Verantwortungsbereitschaft zu fördern. Echte Freiheits- und gleichzeitig Verantwortungsfähigkeit ist deshalb auch lustvolle Erfahrung, weil sie mich meine Einmaligkeit und Kreativität erleben lässt, mir Sinngefühl vermittelt und mich für Mit- und Umwelt bedeutsam und wertvoll sein lässt. Wenn nämlich Freiheitsrealisierung und Verantwortungswahrnehmung gekoppelt sind, bin ich lebendig mitten im Leben und ich gebe Antwort auf Fragen, die das Leben an mich stellt.

Wenn wir öfter Erfahrungen machen dürfen, die uns dazu führen, mit Freiheit nicht sofort Verzicht, Last und Überforderung zu assoziieren sondern Freiraum für Leben, Loslassen von Enge, Sichtung neuer Horizonte und Mut zum Auswählen und Probieren, dann ist Erfahrung von Freiheit mit Glücksgefühlen verbunden.
Ich werde dann mit Freiheit beglückend umgehen können, wenn ich mehr zu meinem Selbstwert stehe, mich schrittweise dem Urvertrauen öffne, meine Ängste

zu gestalten beginne und mich endlich und radikal dem Leben verschreibe. Wenn ich warte, bis andere mich aus Abhängigkeiten befreien, werde ich endlos warten.

Freiheit ist ein Angebot, das ich ergreifen darf und eine Möglichkeit für die ich mich aktiv entscheiden darf. Das ist die harte Herausforderung! Mein Gewissen, für mich die göttliche Stimme in mir, ist mir Garantie genug, dass ich das Wagnis eingehen kann. Diese göttliche Stimme in mir sagt mir nämlich auch, dass nicht alles gleich gelingen muss, dass ich probieren darf, dass es nicht um Perfektion, sondern um Echtheit und Ehrlichkeit geht. Wenn ich auf diese innere Stimme horchen lerne, tritt alles Bedrohende in den Hintergrund und Freiheit wird zur Einladung. So möchte ich, im Kleinen beginnend, neue Wege gehen, neue Horizonte wahrnehmen und neue Lebensquellen entdecken und erschließen. Wenn ich so neu auf mehr Leben ausgerichtet bin, brauche ich mich nicht mehr davor zu fürchten, Freiheit zu missbrauchen. Wenn Freiheit und Vertrauen göttliche Geschwister sind, warum sollte ich sie dann nicht als Lebensbegleiterinnen wählen, die mich ganz im Sinn der Lebenserotik zu wahrem und beglückendem Leben verführen. Nicht die Freiheit verlockt zum Missbrauch, sondern die Abhängigkeit, die Angst und die Machtgelüste. Die Freiheit ist dagegen Verbündete des Lebens und als solche wirbt sie.

Da ich glaube, dass wir göttlichen Ursprungs sind, bin ich überzeugt, dass Freiheit zu unserem Wesen gehört. Deshalb sind wir befähigt, Freiheit zu unser aller Wohl zu leben. Wenn wir aufhören, uns wechselseitig auf die Gefahren aufmerksam zu machen und stattdessen anfangen, uns ganzheitlich leben zu trauen, werden wir zugleich an der Freiheit und an der Verantwortung Geschmack finden. Wer dabei neue Freude am Leben findet, hat kein Bedürfnis mehr, auf Kosten anderer zu leben. Wer befreit ist, gönnt Freiheit, und wer erfüllt lebt, gönnt Erfüllung. Das ist wahres Leben!

Warum erst jetzt?

ich wäre eingeladen gewesen
ich hätte genießen dürfen
mir wären so viele Wege offen gestanden
ich hätte mich so oft selber entscheiden dürfen
es hätte so süße Verführungen auf mehr Leben
hin gegeben
ich hätte so oft anders werden können
ich hätte nur aus Lebensquellen trinken
brauchen
es wären so viele neue Lebenshorizonte vor mir
aufgetaucht
ich hätte so gerne in das Lied der Freiheit
eingestimmt
ich hätte so viel erleben können
überhaupt: ich hätte die Freiheit gehabt, zu leben!

So oder ähnlich höre ich es oft von Sterbenden.

Und was tun die Lebenden?

Von der Erlebnisgier zur Erlebnisdichte

Wir hören zwar ständig von allen Seiten, dass wir in einer Erlebnisgesellschaft leben und trotzdem drücken immer mehr Menschen ihren Erlebnishunger und ihr Erlebnisdefizit aus. Ein Widerspruch? Das Problem dürfte darin liegen, dass viele Menschen von den Anforderungen der Lebensgestaltung insgesamt so in Anspruch genommen sind, dass sie von den Rahmenbedingungen her nicht mehr in der Lage sind, sich für dichtes Erleben zu bereiten. Das Erleben muss möglichst schnell gehen, sollte dabei aber sehr dicht sein und vor allem viel Genuss bringen. Es entsteht aus der oft verspürbaren existentiellen Leere geradezu eine Erlebnisgier. Wenn man so viel zu tun hat, so viele Sorgen hat, so sehr im Stress steht und doch ständig zur Verfügung stehen muss, dann hat man doch das Recht, gleichsam als Ersatz dafür, wenigstens kurzfristig etwas zu erleben. Erlebnishunger, Erlebnisgier und Erlebnissucht führen dann aber gerade wieder in einen Erlebnisstress, der dann nicht Erfüllung bringt, sondern oft in die enttäuschende Leere führt.

In therapeutischen Begleitungen ist immer wieder erlebbar, wie viele Menschen sich den Zugang zu mehr Erlebnisqualität selber verbauen, weil sie die vermeintlichen Blockaden nur im Außen suchen. Zur nachhaltigen Erlebnisdichte werde ich aber nur finden, wenn ich schrittweise selber Veränderungsmöglichkeiten suche und mich nicht von außen leben lasse, sondern meine Lebensgestaltung selber in die Hand nehme. Trotz Wertewandel, Leistungsgesellschaft, Beeinflussung durch die Werbung, Informationsdruck, Beschleunigung in allen Lebensbereichen, Vermassung und ähnlichen angesprochenen Gründen für den empfundenen Druck von außen, entscheide immer noch ich über meine Wertordnung, meine Visionen und zumindest den Rahmen meiner Lebensgestaltung.

Wenn ich bei meiner Lebensbilanz einmal feststellen werde, dass die anderen mich am Leben und Erleben gehindert haben, wird das kein Trost sein. In Sterbebegleitungen haben mir schon viele sterbende Menschen bekannt, dass sie jetzt erkennen, dass sie sich im wesentlichen selber an einem erlebnisreichen Leben im Sinn ganzheitlicher Lebensqualität gehindert haben.

So bin ich eingeladen, in meinem Leben wenigstens von Zeit zu Zeit eine ehrliche Bestandsaufnahme zu versuchen, Klarheit zu schaffen, meine Wertordnung zu entscheiden, zu erneuern und zu verantworten und den vorhandenen Gestaltungsraum zu nützen. Dabei könnten zum Beispiel folgende Fragen und ihre ehrliche Beantwortung hilfreich sein:

- Kenne ich meine persönliche Wertordnung?
- Wer hat meine Wertordnung geprägt?
- Wo möchte ich meine Wertordnung verändern?
- Bin ich es mir selbst wert, mehr zu erleben?
- Bin ich wirklich genuss-fähig und genuss-bereit?
- Kann ich mich mit allen Sinnen für Genuss öffnen?
- Bin ich bereit und mutig, Neues auszuprobieren?
- Nehme ich mir bewusst Zeit, um intensiv zu leben?
- Pflege ich Körper, Geist und Seele, um Ganzheit im Erleben zu erfahren?
- Kann ich zu meinen Ansprüchen stehen?
- Achte ich im Kleinen auf Erlebnismöglichkeiten?
- Halte ich regelmäßig inne, um aus dem Funktionieren herauszutreten?

- Fördere ich innere Ruhe um für Begegnungen offen zu sein?
- Gebe ich mich Träumen und Visionen hin?
- Bin ich offen für das Geheimnisvolle, um staunen zu dürfen?
- Bitte ich öfters um den Segen der Beglückung?
- Übe ich mich vielseitig in das Los-lassen ein?
- Genieße ich Nahrung, Natur, Jahreszeit,...?
- Entschleunige ich zu bestimmten Zeiten meinen Lebensfluss?
- Baue ich auch in den Alltag Lebens-oasen ein?
- Lebe ich im Feiern und Trauern intensiv?
- Bin ich immer öfter in Echtheit ich selber?
- Lasse ich mich von innen heraus beflügeln?

Es kann vieles bewegen, solche und ähnliche Fragen nicht nebenbei, im Vorbeigehen und irgendwie zu beantworten, sondern sich aus dem Innehalten heraus mit ihnen zu konfrontieren. Anfangs ist es hart,unbequem und vor allem aufdeckend. Wenn ich ehrlich dabei bin, werden mir die Augen geöffnet und vor allem das Herz wird offen für erlebnisreicheres Leben. Dann werde ich im Alltäglichen beginnen und vielleicht nicht jedesmal das Essen hinunterschlingen, mich nicht mit einem schnellen Orgasmus nach den Abendnachrichten begnügen oder den Spaziergang als gesundheitliche Verpflichtung irgendwo am Wochenende einschieben. Vielmehr werde ich Prioritäten setzen lernen, alles zu seiner Zeit zu tun und mir selber viel, viel mehr wert sein. So wird die Erlebnisgier mit der Zeit überflüssig werden, weil die erfahrene Erlebnisdichte mich immer mehr erfüllen und zu mehr Leben verführen wird. Dieses lustvolle Erleben wird mich erfahren lassen, dass ich nicht aussteigen, davonlaufen, verdrängen und krank werden muss, um anders leben zu dürfen, sondern dass ich einfach anders werden und anders sein darf, weil ich mich für das Leben entschieden habe. Und wahrhaftes Leben schenkt dichtes Erleben!

Überlass dich nicht der Sorge!

„Überlass dich nicht der Sorge, schade dir nicht selbst durch dein Grübeln! Herzensfreude ist Leben für den Menschen, Frohsinn verlängert ihm die Tage. Überrede dich selbst und beschwichtige dein Herz, halte Verdruss von dir fern! Denn viele tötet die Sorge und Verdruss hat keinen Wert. Neid und Ärger verkürzen das Leben. Kummer macht vorzeitig alt."
(Jesus Sirach 30,21-40)

Lebensnah, schlicht und einfach weist dieser uralte biblische Text Wege zu mehr Leben. Viele von uns sind gerade von der Erziehung her auf das ständige Sorgen für sich und andere ausgerichtet. Dieses Sorgen blockiert, hindert das Wachsen einer gesunden Gelassenheit und unterbindet befreiendes Vertrauen in den Fluss des Lebens. Der erwähnte biblische Text ist auf Herzensfreude und Frohsinn ausgerichtet.
Diese innere Fröhlichkeit kann nur wachsen, wo der Druck von außen und von innen verringert wird. Dies braucht ein Hinhorchen vor allem auf das innere Kind in uns. Dem wurde schon so früh so vieles aufgeladen, dass es bei vielen nie gelernt hat frei zu sein, zu spielen, ausgelassen zu sein und unbesorgt herumzutollen.

Herzensfreude und Frohsinn kann in mir dann aufkeimen, wenn ich mein inneres Kind aus der Gefangenschaft der ständigen Leistung und des Perfektionismus befreie, wenn ich es lieben und zärtlich mit ihm spielen lerne. So wird mein inneres Kind mich wahrhaft leben lehren und mich anders werden lassen.

Es wird nicht viel bringen, wenn ich mir mit Verkrampfung die Sorge verbiete, mich über Verdrossenheit ärgere, Kummer verdränge oder mich wegen meines Neides und Ärgers schuldig fühle. Das treibt mich nur noch mehr in die Verbissenheit.

Statt auf verschiedenste gescheite Parolen zu hören, ist es zielführend, mich zunächst einmal mit meinem inneren Kind zu unterhalten und daraus mit ihm zu üben, zu probieren und gemeinsam spontaner zu werden. Sonst werden alle hochgeistigen Analysen, perfektionistischen Trainingsprogramme und hochprofessionellen Coachingstratgien zu einem Überbau, der bald wieder in sich zusammenfällt und neuen Ärger und neuen Verdruss statt innerer Befreiung bringt.

Mein inneres Kind lässt mich, wenn es frei sein darf, erfahren, dass Leben viel einfacher ist als wir ständig behaupten. Das entlarvt viele hochgestochene Strategien, die vom Kopf her ausgehen, als Strategien ohne Herz. Da viele Bildungsvorgänge einschließlich der religiösen Erziehung inzwischen das innere Kind vergessen haben, wird alles von der Kopfbildung beherrscht und auf die Herzensbildung wird vergessen. So werden wir immer gescheiter und die Gesellschaft gleichzeitig immer kälter. Immer verkrampfter sorgen wir uns um die Verluste im Äußeren und verlieren dabei die Fähigkeit, in unser Inneres zu horchen und aus dieser Mitte heraus zu leben. Unser innerstes Kind lehrt uns, wir selber zu sein und daraus Spontaneität, Sicherheit, Gelassenheit und Zuversicht zu erfahren und zu leben, weil es nicht auf äußere Sicherheiten baut, sondern aus dem Urvertrauen schöpft, weil es darin verwurzelt ist.

Statt überall hin zu pilgern, wo uns professionelle Befreiung von unseren Sorgen durch weitere Absicherungen und Versicherungen angeboten wird, sollten wir uns lieber horchend auf den Weg zu unserem inneren Kind machen und von dort her uns Wege des Anders-werdens aufzeigen lassen. Das führt uns in eine neue, andere Sicherheit, die uns befreiter leben lässt.

Eigenartig

Wir reden
Wir kommunizieren
Wir analysieren
Wir überlegen
Wir zerbrechen uns den Kopf
Wir entwerfen Strategien
Wir gründen Projektgruppen
Wir entwickeln Positionspapiere
Wir gieren nach Zertifikaten
Wir professionalisieren
Wir coachen und lassen coachen
Wir eilen von Sitzung zu Sitzung…

und merken dabei gar nicht,
dass uns das eigentliche Leben
entgleitet

Und wenn das Leben hart wird?

In diesem Buch ist viel von Lebenshoffnung, Lebensfreude und Lebensoptimismus die Rede. Wird dabei nicht die Realität übersehen oder gar verdrängt, wenn wir an die unfassbaren Härten denken, die das Leben für nicht wenige Menschen mit sich bringt?

Es braucht wohl nicht lange diskutiert werden, ob Leben von Polarität, von unglaublicher Spannung gekennzeichnet ist. Die Frage ist vielmehr, wie wir an diese Spannung herangehen und mit ihr umgehen. Der oft, vor allem in Überflussgesellschaften, anzutreffende „Lebensjammer" dürfte wohl damit zusammenhängen, dass einerseits die vorhandenen Lebensmöglichkeiten nicht ausreichend gelebt werden und andererseits die Härten der Anforderungen des Lebens nur als Bedrohung erfahren und nicht als Chance gedeutet werden können.

Können wir unser Leben aus einem inneren Urvertrauen heraus gestalten, dann sind wir in einer inneren Mitte verwurzelt, aus der heraus wir unser Leben lieben können. Und Liebe als Grundhaltung sagt immer zum Ganzen und nicht nur zu Teilen des Ganzen ja. So gesehen verbirgt sich hinter so mancher vermeintlicher Lebensliebe bestenfalls die Annahme der angenehmen Seiten des Lebens. Wenn ich aber gleichsam eine Partnerschaft mit meinem Leben eingehe, werde ich motiviert, die Ganzheit zu gestalten und zu erfahren. Das Leben gibt es eben nicht zum Sonderpreis, in Einseitigkeit, als Privileg oder als Sonderausstattung. Leben, wahres Leben, vollzieht sich seinem Wesen nach immer im Wechselspiel von Verkosten und Ertragen, von Tag und Nacht, von Gestaltung und Ohnmacht, von Ebbe und Flut, von Aufblühen und Vergehen, von Grenze und Grenzüberschreitung, von Leere und Fülle!

Hätten wir nicht insgesamt so ein ungeklärtes, „schlampiges" und einseitiges Verhältnis zu unserem Leben, könnten wir so manche Härte zumindest entschärfen, viel mehr aus den in guten Tagen angelegten Reserven schöpfen und würden auch im kreativen Ertragen des Unabwendbaren nicht so schnell aufgeben. So aber sind wir gar nicht fähig, in den Härten des Lebens in das Leben hinein zu horchen und zu erfahren, worin die Wegweisung im Sinne von Entwicklungschance und Reifemöglichkeit liegt.

Wenn ich in der erfahrenen Härte des Lebens nur immer die brutale Sinnlosigkeit sehe, kann ich nur Brutalität erfahren. Nicht mein Leben quält mich dann, sondern ich quäle mich, weil ich das Öffnen von Toren für neue Lebensmöglichkeiten und Veränderungen auf neue Lebensqualität hin verhindere. Über Generationen hat man Menschen gelehrt, sich dem Leid zu fügen und dann aufzuopfern, statt die Menschen zu motivieren, das erfahrene Leid zu gestalten und so die Wandlung auf Neues hin existentiell zu ermöglichen. Nicht die Ohnmacht ist das Problem, sondern das passive Verharren in ihr, nicht die Grenze ist das Problem, sondern das Nicht-leben der Lebensmöglichkeiten.

Vielleicht sollte ich wieder einmal auf die innere Stimme meines Lebens horchen, aus der Freundschaft mit dem Angenehmen meines Lebens eine Partnerschaft mit der Ganzheit meines Lebens eingehen und zu meinem Leben grundsätzlich und ganz „Ja" sagen. Das kann mich verändern, wachrütteln, mir ungeahnte Kräfte schenken und mich gerade auch durch schmerzvolle Härten hindurch zu ganz neuen Formen der Lebensqualität führen. Dann werde ich mein Leben in den Härten nicht mehr so schnell verdächtigen, dass es mir Feind ist.

Zuhören

Alle reden und niemand hört zu! So müssen viele Zusammenkünfte von Menschen in allen möglichen Situationen leider charakterisiert werden. Mir hört niemand zu! Das ist der Aufschrei von immer mehr Menschen. Dauerberieselung wird offensichtlich zu einer „ansteckenden Krankheit“: alle reden auf jeden ein. Darum gibt es immer weniger Begegnung. Durch alles überschwemmende Wortfluten wird das Nebensächliche unbemerkt zum Hauptsächlichen und Unwesentliches verstellt den Blick auf das Wesentliche. Ob in den Medien, in der Politik oder in anderen gesellschaftlichen Gruppierungen, überall scheint das Reden das Zuhören in den Hintergrund zu drängen. Das Dahinreden wird sozusagen auf allen Ebenen zum Training angeboten.

Mir wird die Bedeutung des Zuhörens vor allem dann bewusst, wenn ich trauernde, depressive oder sterbende Menschen begleite. Da wird in der Regel wenig geredet, aber das Wenige ist höchst bedeutsam. Dabei ist es für mich entscheidend ganz da zu sein und mit allen Sinnen zuzuhören. Da kann ein Satz, ein Wort so wichtig sein, dass ein Überhören vieles blockieren würde. Und es kann sein, dass dieser Satz oder dieses Wort nicht mehr wiederholt werden kann. Wenn in einer ganzen Stunde vielleicht nur einige Sätze gesprochen werden, die aber aus der Tiefe der Existenz, dann wird mir sowohl die Bedeutsamkeit des Wortes als auch die des Hörens sehr bewusst.

Wir vergeuden offensichtlich sehr viel Energie mit dem Gerede. Dieses Zerreden lässt uns abstumpfen und unachtsam werden. Ganzheitliches Zuhören dagegen öffnet uns, um uns selber und das Du besser wahrzunehmen. In der Sterbebegleitung etwa entdecke ich, wie viel wir einander mitteilen können, ohne viel zu reden. Das Lauschen, das Spüren, das Schauen und das offene Dasein ermöglichen plötzlich ein Hören, das Wesentliches vermittelt, Fragen beantwortet und auf das Wesentliche hin zentriert. Da wird für mich erfahrbar, dass Leben sich verdichtet, die Zeit stehen zu bleiben scheint und dass es möglich ist, ganz beim Du und dann wieder ganz bei mir zu sein. Durch die wenige Energie, die vorhanden ist, wird sie offensichtlich sparsam und gezielt eingesetzt. Das Beiwerk fällt ab und das Wesentliche wird zum Inhalt. Mich erinnert es daran, wie verantwortungsvoll ich eigentlich mit Lebensenergie umgehen sollte – auch in meinem Alltag.

Wenn ich aus solchen Momenten heraustrete und wieder in die sogenannte Normalität des Lauten zurückkehre, fühle ich mich oft ziemlich erschlagen und es macht mich sehr nachdenklich. Ich finde, wir gehen zu wenig in die Oasen, in denen wir uns vom Lauten entfernen und Horchende werden.

Der moderne Mensch wird als stets funktionierendes Wesen gesehen, immer in Betrieb, stets abrufbereit und immer in Spannung. Und dann kommt es dazu, dass alle reden und kaum einer zuhört. Zuhören erfordert die Fähigkeit und Bereitschaft zum Heraustreten, zur Abgrenzung, zur Achtsamkeit und auch zur gezielten Auswahl. Denn wenn ich immer alles an mich heranlasse und so in ständiger Rufbereitschaft bin, bin ich immer schon in der Überforderung und Überreizung. Wenn mir am wahren Leben liegt, dann fällt die Ausrede weg, dass unsere Zeit eben so laut ist. Dann verzichte ich auf Gestaltungsfreiheit und -möglichkeit, weil ich mich selber schon verloren habe. Wenn ich aber auf meine Lebensimpulse höre, dann rufen mich meine Lebenssignale zum Wesentlichen, zum Erfüllenden.

Zuhören führt mich zu einem anderen, bewussteren Umgang mit dem Wort und mit dem Leben insgesamt.

Vom Begreifen-müssen zum Ergreifen-lassen

In unserer modernen Leistungs- und Machbarkeitsgesellschaft ist alles auf das schnelle Begreifen ausgerichtet. „Wann begreifst du das endlich?“, wird schon das kleine Kind ungeduldig, gestresst und mit drohendem Unterton gefragt. Alles muss schnell erfasst, durchschaut, analysiert und begriffen werden. Die Kopfarbeit wird absolut gesetzt. Alles soll vom Kopf aus durchdacht, zerlegt, zugeordnet und vernetzt werden. Dann sind wir wertvoll, weil wir unsere geforderte Leistung erbracht haben. Der Lohn ist, anerkanntes Mitglied der Leistungsgesellschaft zu sein. Und als solches hat man dann auch gefälligst glücklich zu sein. Denn was Glück ausmacht, wird auch definiert, und natürlich vom Kopf aus. Das müssten Sie doch wissen! Das wurde doch statistisch erhoben und festgestellt! Das haben Wissenschaftler bestätigt! Das haben Analysen ergeben! So und ähnlich finden Ein- und Abgrenzungen statt.

Mir kommt bei solchen Beobachtungen oft ein Psalmwort in den Sinn, das mich ganzheitlich erfasst: „Wenn nicht der Herr das Haus baut, müht sich jeder umsonst, der daran baut. Wenn nicht der Herr die Stadt bewacht, wacht der Wächter umsonst. Es ist umsonst, dass ihr früh aufsteht und euch spät erst niedersetzt, um das Brot der Mühsal zu essen; denn der Herr gibt es den Seinen im Schlaf“ (Psalm 127,1-2). Ich fühle bei der Vermittlung solcher Lebenserfahrungen, dass wir durch den Druck des Begreifen-müssens in bedrohlichen Stress, in immer größeren Erwartungsdruck und in blockierende Lebensmuster kommen. Für das Ergreifen-lassen und Ergriffen-sein bleibt kein Raum, keine Zeit und keine Bereitschaft mehr.

Ergreifen-lassen hat mit Öffnung, Ganzheit, Freiraum, Sinnendichte und vor allem Geheimnis zu tun. Es lässt das Herz, die Personenmitte ins Spiel kommen. Dann wird Leben nicht mehr nur geplant und gemacht, sondern es darf sich auch ereignen. Planung wird dann erweitert durch Spontaneität und der Terminkalender für Lebensüberraschungen geöffnet. Auch die Erfahrung der Lebenszeit wird anders, wenn Zeit nicht nur als planbare Größe eingeteilt, sondern auch als Geschenk sich ereignen darf. Wenn wir nämlich so viele Termine haben, dass sich nichts mehr ereignen kann, leben wir sehr schnell am Leben vorbei. So betrachtet braucht das Müssen als Ergänzung das Dürfen.

Menschen die von Lebensstiländerungen träumen und diesen Träumen Verwirklichung ermöglichen, spüren, wie befreiendes Loslassen und Freiwerden nicht aus Zwang zur Veränderung kommen, sondern weil Geschmack am Leben gefunden wird. Es ist vergleichbar mit dem sogenannten Freizeitbereich. Wenn ich mir krampfhaft freie Zeit nehmen muss, damit ich, abgehetzt, in ein Fitnesscenter komme, weil ich für meine Gesundheit auch etwas tun muss… dann bleibe ich gehetzt und gejagt und so Sklave des Müssens.

Ich habe aber auch die Chance, mich von meinem Leben berühren zu lassen, endlich meine Lebensmelodie erklingen zu lassen. Dann öffnet sich mir ein Weg, der mich einlädt, mich neugierig werden lässt und auf dem ich mich erfassen lasse. Dieser Übergang von der Machbarkeitsfixierung zum Lebensereignis kann mitunter einem Nebelspaziergang im Herbst gleichen. Wenn ich mich zunehmend vom Lebenslicht ergreifen lasse, kommt andere Lebensqualität auf mich zu und diese weckt in mir Lust auf mehr. Leben und Nebel haben eben etwas miteinander zu tun und es ist bedeutsam, wie wir uns ihnen nähern und uns von ihnen berühren lassen.

Oasen-Suche

Viele Menschen gehen heute, auf ihre Lebenserwartungen bezogen, von einem Anspruch auf ein „Dauerhoch" aus. Es steht mir sozusagen zu, gesund zu sein, gesund alt zu werden, auch im Alter rüstig zu sein, Erfolg zu haben, das Glück zu pachten und viel zu haben. Alles was davon abweicht ist unerhört, ungerecht und abnormal. Da uns rundum ständig Scheinwelten aufgebaut und eingeredet werden, merken wir oft nicht mehr, dass wir Verbündete des Scheins und nicht des Lebens sind. Leben ist nämlich anders. Leben ist Gabe und Aufgabe, Geschenk und Herausforderung, Weite und Enge, Licht und Dunkel, Wüste und Oase.

Nicht der Auf- und Ausbau von Scheinwelten hilft den Menschen glücklicher zu leben, sondern die rechtzeitige und ständige Befähigung zur engagierten Lebensgestaltung. Ich denke, dass es uns gut täte, uns nicht der Machbarkeit und dem Anspruch zu verschreiben, sondern aus einer neuen Demut heraus uns dem Leben zu stellen. Lebensachtsamkeit und Lebensdemut heißt für mich, mich von einem Geheimnis berühren und erfassen zu lassen und aus dieser Grundhaltung suchend unterwegs zu sein. Muss ich unbedingt vor jedem Tunnel exakt wissen, wie es am anderen Ende des Tunnels aussieht? Ist es nicht faszinierend, auf einer Bergwanderung neugierig zu erwarten, was mich oberhalb der Nebelzone erwartet? Wenn wir immer schon alles festlegen, den Ausgang bestimmen und aus Anspruch festhalten wollen, bleibt kein Raum für Überraschung, für Anderes und vor allem für Geheimnisvolles.

Oasen drängen sich nicht auf, sondern wollen entdeckt werden, vor allem die kleinen und zunächst unscheinbaren. Ich möchte mir den Traum nicht nehmen oder zerstören lassen, dass das Leben für uns viel mehr bereit hält als wir realistisch gesehen für möglich halten. Und dieser

Traum sagt mir, dass ich mir nicht selber im Weg stehen möge, indem ich alles plane, festmache, ausrechne, diagnostiziere, prognostiziere und einordne. Wir haben zu viele Routenplaner für unser Leben. Da bleibt kein Raum für Überraschungen, keine Zeit für Entdeckungsreisen und keine Möglichkeit für entspanntes Verkosten. Bei der Oasensuche haben auch die Umwege, die Such-wege und sogar so manche Irrwege ihre Bedeutung. Es geht um Erlebnis-bereitschaft und Erlebnis-erwartung. Durch sie werde ich in neugierige und lebendige Erwartungshaltung versetzt, die mich auf mehr Leben hin erregt und mich so in eine lebenserotische Stimmung einschwingen lässt. Das bringt mich endlich von der eingelernten leblosen Nüchternheit weg und weckt alle meine Lebenssinne. Schenkt das nicht ein ganz anderes Lebensgefühl, als wenn ich mir ständig selber einrede, dass das Leben es nicht gut mit mir meint? Die Lebenssonne weckt mich und lädt mich ein, so aus dem Schatten zu treten, dass sie mich mit ihren Strahlen erreichen kann. Ich brauche nicht alles tun, sondern nur das Meine. Dann fällt mir so manches zu, mit dem ich nicht gerechnet habe. Das Ereignis ist im Leben immer umfassender und vor allem faszinierender als das Konstruierte und Gemachte. Es lädt ein zum Staunen und Staunen schenkt viel Glücksgefühl.

Oasensuche eröffnet Wege zur Mitte, und aus der Mitte zu leben lässt uns wachsen und reifen, ohne uns in Rastlosigkeit und erdrückende Lebenszwänge zu treiben. Es muss nicht über allem die Schwere liegen. Vieles könnte auch von Leichtigkeit und Heiterkeit geprägt sein. Ich möchte in das Leben hinein horchen, um die Einladung zur Suche, zum neuen Aufbruch und zur Veränderung nicht zu überhören. Das Geheimnis Leben ist verlockend und wir sollten den Verlockungen erliegen!

Die Natur lehrt uns leben!

Bei Spaziergängen und Wanderungen in der Natur werde ich oft daran erinnert, wie gut es täte, bei der Lebensgestaltung und Lebensbewältigung wieder mehr auf die Natur zu achten und sie Wegweiserin sein zu lassen. Natur und Fortschritt brauchen keine Gegensätze zu sein. Aber wenn Fortschritt sich der Natur immer mehr entfremdet und sich von ihr abkoppelt, landen wir zunehmend in der Kälte und Überforderung der Sinn-leere. Dann hantieren wir mit enormem Wissen, spielen alles mögliche an Szenarien auf Computern, entwickeln Super-Programme und arbeiten mit allen technischen Finessen und stehen andererseits sofort an, wenn wir einer existentiellen Herausforderung durch Grenzerfahrungen im Leben gegenüber stehen. Das Haben von Wissen, von Macht und von Technik bis an die Grenzen der Perfektion stehen so einseitig im Vordergrund, dass auf die Dimension des Seins vergessen wird.

Ein stärkerer Einklang mit der Natur kann uns natürlicher leben lehren. In der Natur geht es nicht um Perfektion, um Ablauf nach Programm und um durchorganisierte Abläufe, sondern um Leben und Leben ist originell, spannungsgeladen, voll der Überraschungen und geprägt von Grenzerfahrungen. Wenn wir das Natürliche nicht mehr erfahren und gestalten können, wird das Sein rasch unerträglich und vorschnell als sinnlos erklärt. In der Natur läuft vieles nicht „rund" ab, sondern unkonventionell. Vieles ist in der Natur normal, was wir bei der kleinsten Abweichung schon als Katastrophe bewerten. Auch wenn wir es nicht wahrhaben wollen, die Natur zeigt uns, dass auch die Härte zum Leben gehört. Wir brauchen wieder Mut, das auch zur Sprache zu bringen, nicht um damit zu drohen und den Spaß zu verderben, sehr wohl aber, um auch wieder Ehrfurcht und eine gewisse Demut einzuüben. Die Natur bringt uns eben von einer gewissen Einseitigkeit und auch von Überheblichkeit und vom totalen Machbarkeitswahn weg. Die neu zu entdeckende und zu schätzende Vernetzung mit der Natur soll uns nicht zu Sklaven machen, sondern in einen Art „Freundeskreis" mit der Natur führen, um letztlich auf allen Ebenen das Sein zu fördern und so auch zu neuen Sinnhorizonten und Sinndeutungen zu finden. Es geht nicht um ein Zurück in alte Abhängigkeiten des totalen Ausgeliefertseins, sondern um kreative, originelle und naturverbundene Lebensgestaltung, um ein Leben mit der Natur als Freundin und nicht ein konstruiertes Leben gegen sie. Weder Nostalgie noch Feindhaltung sind wirksame Lebenshilfe, sondern eine natürliche Lebensweise in Achtung und Achtsamkeit.

Ob Jahreskreisläufe, Gezeiten, Anziehungskräfte, Stürme, Stille, Licht und Dunkel, ruhige Perioden und gewaltige Umbrüche… was immer wir in der Natur erleben, es hat Symbolkraft für unser Leben. Eintönigkeit und Ruhe auf Dauer sind nicht Sache der Natur. Damit hätte es nie Entwicklung gegeben. Warum soll das in unserem Leben anders sein? Wer in der Natur ständig Angst vor der nächsten Erschütterung hat, wird in dieser Angst umkommen, wer daran arbeitet, der Angst durch Gestaltung und Ermöglichung von Entwicklung den Nährboden zu entziehen, wird Leben in all seinen Facetten annehmen und bejahen lernen. Natürliche Spannung, natürliche Gelassenheit, natürliche Ruhe und natürliche Erschütterung können zu einer umfassenden natürlichen Lebensliebe führen, die uns im Auf und im Ab, wenn auch nicht immer sofort, Sinn finden und erfahren lässt. Die Natur lehrt uns eben leben, wenn wir vernetzt mit ihr leben. Das bringt sehr wohl Erfüllendes, aber nicht ohne Härte.

Natur

gesucht
bestaunt
bewundert
gepriesen
nachgemacht
reguliert
unterworfen
ausgebeutet
zerstört
angefeindet
verflucht

Natur
es gibt einen Weg zu dir und mit dir:
Demut und Ehrfurcht

Last mit Würde tragen

Wenn ich meine Lebensgestaltung nicht auf Lebenslügen, sondern auf echter Lebensbejahung aufbaue, bin ich gefordert, mit den Lasten meines Lebens kreativ und mir entsprechend umgehen zu lernen. Diese lebenslange Einstellungsarbeit ist ein Lern-, Wachstums- und Reifungsprozess, der viele verschiedene Phasen kennt. Widerstand, Ablehnung, Auflehnung, Wut, Zorn, Unverständnis, Unsicherheit, Überforderungsgefühle, Sinnlosigkeitserfahrungen, Resignation, Depression und Ängste gehören genauso dazu wie das Erleben von Gestaltungskraft, Hoffnungen, Visionen, Mut, Stolz, Aufbruchsstimmung, Krisenbewältigung, Stärkung, Reinigung und Erneuerungskraft.

Die existentielle Bewältigung von Last und Leid kommt meist dann zum Durchbruch, wenn wir aufhören uns mit der Warum-Frage zu messen. Der Versuch, unbedingt alles von der Beantwortung der Warum-Frage abhängig zu machen, versperrt in der Tat oft den Beginn heilender Prozesse. Zielführender erscheint es, sich der Annahme der Herausforderung zu widmen und dafür die Kräfte einzusetzen.

Um meine eigenen Lebensherausforderungen komme ich nicht herum, denn sie sind meine Lebensaufgabe. Ihr in der Gestaltung meinen ganz persönlichen Stempel aufzudrücken, gibt dem Ganzen das, was ich dabei mit Würde bezeichnen möchte. In dieser Lebens-arbeit muss mein Haupt nicht immer erhoben und müssen meine Augen nicht immer trocken bleiben. Aber es möge immer wieder eine Offenheit erwachsen, die Hilfe erbitten und annehmen kann und die Hoffnung nicht sterben lassen will. Nicht das Darüberstehen, sondern diese Offenheit ist ein weiteres Merkmal der Würde im Tragen von Lasten. Meine Würde lässt mich aber auch mutig und selbstbewusst protestieren, wenn ich mit Leidverherrlichung und Vertröstung konfrontiert bin.

Ohne Grenzerfahrung gibt es keine Sehnsucht nach Grenzenlosigkeit. Die Brüchigkeit und Zerbrechlichkeit im Leben können auch Botinnen sein, die auf den Lebenswegen immer wieder an das Ziel der Ganzheit und Vollendung erinnern. So können die Lasten einerseits die Sehnsucht nach dem Ganzen wach halten und so auch aufrichtende und heilende Kraft schenken.

Um die Kräfte für die wesentlichen Lebensherausforderungen bereit zu haben, ist es mir wichtig, sie nicht für Scheingefechte zu vergeuden und nicht auf Nebenschauplätzen einzusetzen. Lasten, die nichts mit mir zu tun haben und die ich als solche erkenne, sollte ich liegen lassen. Es genügt das, was mir und wirklich mir zufällt. Denn die oft angesprochene Überbeladung kommt oft von außen, weil wir nicht achtsam und nicht klar abgrenzend sind. Würde hat so gesehen auch mit Unterscheidung der Geister zu tun und mit Selbstachtung und Selbstwerterfahrung.

Ich bin in mein Leben hinein gestellt. Das sehe ich als meine Herausforderung. Herkunft, Ausstattung, der mitgegebene Lebensrucksack und die vorfindbaren Rahmenbedingungen sind wesentliche Baumaterialien, mit denen ich originell zu bauen habe. Das Lebensfundament wurde mir nach meiner Glaubensüberzeugung vom göttlichen Ursprung und der göttlichen Liebe als Basis mitgegeben. Das lässt mich grundsätzlich hoffen, dass ich den Mühen, Lasten, Einbrüchen und Zusammenbrüchen, wenn auch zeitverzögert, Sinn auf Reifung und Entwicklung hin abringen kann. Hoffnung gibt Würde und Würde weckt Hoffnung. Das lässt wieder aufstehen und aufbrechen und neu beginnen, das alles aber eben oft nach langen harten Lebensdurststrecken. Last mit Würde tragen – das ist Gabe und Aufgabe zugleich. Es als beides zu erfahren kann Segen bringen.

Glauben: horchen und Antwort geben

Wenn von glauben die Rede ist, denken viele Menschen zuerst an Gesetze, Vorschriften, Lasten, Einschränkungen, Verzicht und unangenehme Verpflichtungen. Schade eigentlich! Glauben hat doch zuerst einmal mit der Einladung zum Horchen zu tun. Dieses Horchen ist verwandt mit Staunen und verbunden mit lebenserotischer Achtsamkeit.

Mir kommt dabei immer wieder neu die Geschichte des Elija aus dem Alten Testament in den Sinn. Als dieser Elija resignierend in einer akuten Erschöpfungsdepression landet, sich unter einem Ginsterstrauch legt und sich den Tod wünscht, rührt ihn ein Engel an und bewegt ihn, wieder zu essen und zu trinken und dann wieder aufgerichtet zum Gottesberg Horeb zu wandern (vgl. 1 Könige 19). Dort begegnet Elija Gott, aber weder im Sturm, noch im Beben, noch im Feuer, sondern im sanften, leisen Säuseln. Weil er zum Horchen bereit war, vernahm er im sanften, leisen Säuseln die wegweisende und sein weiteres Leben so sehr prägende göttliche Stimme. Nach meinen Erfahrungen sollten wir uns im eigenen Suchen nach Orientierung und auch in Begleitungen viel mehr dem Horchen widmen. Hinhorchen und staunend hören macht mich offen, bereit und frei. Dieses ganzheitlich geprägte Horchen lädt mich dann auch ein, frei und ungezwungen Antwort aus und in meinem Leben zu geben. Dieses spannende Wechselspiel von horchen und antworten steht dann nicht mehr unter dem Druck oder der Drohung des Müssens, sondern wird zur Annahme einer Einladung. Würde in unserer Gesellschaft nicht überhaupt vieles ganz anders sein und werden, wenn die Erfahrungen mit dem sanften und leisen Säuseln prägender werden könnten?

Mir kommt vor, dass wir in unserem sogenannten Glauben sehr viel Unglauben haben, weil wir die Fähigkeit des Horchens so vernachlässigen. Der modernen

Leistungsgesellschaft mit ihrem rasanten Tempo entsprechend lassen wir uns an allen Ecken und Enden zu den schnellen Antworten verführen. Dazu ist die Erfahrung vom sanften, leisen Säuseln eine spannende Kontrasterfahrung. Sie bedarf der Entfaltung der Fähigkeit, mich aus dem Lärm und der Hetzerei heraus zu nehmen, mir Zeit zu nehmen und meiner Bedürftigkeit der Stille gerecht zu werden. So werde ich zum horchenden Menschen und hörend mit allen Sinnen. In dieser Grundhaltung der Offenheit und Empfänglichkeit können neue und einladende Lebenshorizonte sich öffnen. Echter Glaube ist nie System zum Selbstzweck, sondern immer Erweiterung von Lebensraum, Zuwachs an Lebenssinn und Eröffnung neuer Lebensperspektiven. Im Horchen meldet sich bei uns das Leben und in der Antwort nehmen wir die Einladung zum Leben an und führen wir durch Gestaltung Vision und Realität zusammen. Nicht lästige Verpflichtung und nicht unbarmherziger Druck sind Kennzeichen echten und ursprünglichen Glaubens, sondern Loslassen von allen Lebensbehinderungen, um für wahres und erfüllendes Leben frei zu werden. Dann ist der vorübergehende Schmerz im Loslassen notwendiger Übergang und Vorbereitung für zunehmende Glückseligkeit. So ist das Loslassen mit aller Schmerzerfahrung Reinigungsarbeit, damit neues Wachstum und damit Zuwachs an Leben möglich wird. Im Horchen und in der Antwort durch Lebensgestaltung bin ich gefordert, nicht um des Leidens willen, sondern auf mehr Leben hin. Im Glauben übernehme ich weder ein Belastungspaket noch ein Fertigprodukt, sondern ich trete aktiv und für mich bewegend in Lebensprozesse ein. Dann wird Glauben im Wechsel von Horchen und Antwort geben ein Seinszustand der mich leben lässt.

Glauben

verordnen
befehlen
definieren
normieren
unterordnen
zurückstehen
klein machen
ängstigen
drohen
fürchten
einengen
müssen

oder

frei werden
Weite erfahren
pulsieren
lebendig werden
Träume umsetzen
aufbrechen
probieren dürfen
verändern
erneuern
begeistert sein
Grenzen öffnen
Lebensenergie tanken
intensiv leben

Echter Glaube ist nicht Zauber- sondern Heilmittel

In sehr vielen Begegnungen und Begleitungen werde ich mit der Enttäuschung glaubender Menschen konfrontiert, dass Glaube nicht Leid fernhält, nicht Ungerechtigkeit verhindert, nicht Schmerz ausschaltet, nicht vor Krisen bewahrt, nicht Trauer schneller bewältigen lässt…

Immer wieder wird Glaube in diesem Sinne als Wundermittel gewünscht, das wie ein Impfstoff schützt, wie ein Medikament Symptome wenigstens unterdrückt oder einfach etwas Belastendes wegzaubert. Diese Täuschung führt logischerweise in die Enttäuschung, die dann verunsichert, schmerzt und auch wütend werden lässt.

Echter Glaube ist vom Ursprünglichen her nie als Zaubermittel gedacht. Vielmehr geht es um Annahme, Entscheidung, Verwurzelung, Stärkung und vor allem Gestaltung. Ganzheitlich gedeuteter und gelebter Glaube bewahrt, verdrängt und verzaubert nicht, sondern er gibt Fundament, Mut, Kraft, Motivation und Energie für die Gestaltung der Herausforderungen. Als Glaubende werden wir nicht aus dieser Welt mit all ihrer Spannung und Vielfalt heraus genommen, von ihr verschont oder ihr feindlich gegenüber gestellt, sondern vielmehr zu ihrer Gestaltung gefordert und befähigt. Echter Glaube führt nicht in die Illusion einer heilen Welt, sondern zur Vision einer durch fortschreitende Entwicklung und verantwortungsvollere Gestaltung heileren Welt.

Glaube ist immer Gabe und Aufgabe, Geschenk und Auftrag in einem. Würden wir immer nur beschenkt werden, würden wir bald in Bequemlichkeit, Überdruss und Passivität landen und die Folgen wären nicht Glücks-, sondern Sinnlosigkeitserfahrungen. Glückseligkeit braucht Gestaltungen aus Kreativität, die in jedem Menschen in der existentiellen Grundausstattung enthalten ist.

Mein Leben ist mein Auftrag an mich, dem ich mich zu stellen habe. Ich bin nicht für alles und jedes verantwortlich, aber sehr wohl für meine Lebensgestaltung. Mein Glaube lädt mich ein, das Wagnis einzugehen, Gott und mir zu vertrauen und so die Hoffnung auf Gelingen wach zu halten. So wird mein Glaube zur liebevollen Begleiterin, die mich motiviert, stärkt, tröstet, aufrichtet, ruhen lässt, Sorgen abbauen hilft und mich durch das Einüben in das Loslassen immer in Entwicklung und Reifung sein und wachsen lässt. Sie wird mir dabei aber nichts aus dem Weg räumen, sie wird mich nicht verschonen und sie wird mir die Grenzerfahrungen nicht ersparen. Lebensherausforderungen sind schließlich nicht Strafe, Einladungen zum Wachstum und Grenzerfahrungen dienen nicht der Quälerei, sondern sind gleichsam Tore, die auf neue Lebensräume hin öffnen. Je mehr ich aus Entscheidung glaube, desto mehr vertraue ich trotz allen Zweifels, dass mein Leben auf Gelingen ausgerichtet ist. Wenn Gott mein Urgrund ist und ich mich in diesem Urvertrauen verwurzele, gibt es für mich eine innere Mitte, die mich auch draußen am Rand, trotz aller Entfernung, nährt und trägt. Dann wird mir nichts erspart und doch alles geschenkt, was ich für meine Gestaltung benötige. Echter Glaube wird dann zum Heilmittel, zum Mittel für Heilung und Heil. Dieses Heilmittel stärkt, kräftigt, ermutigt und befähigt mich, wenn es um Gestaltung, Versöhnung, Krisenbewältigung, Loslassen, Erneuerung, Aufbruch, Wachstum und Veränderung für mich geht. Der Verzauberung folgt die Ernüchterung, während Wachstum zur Erfüllung führt. Zaubertricks können kurzfristig aufheitern, Zaubermittel oberflächlich zudecken, während echter Glaube als Heilmittel immer neu vor dem Geheimnis staunen lässt. Dieses Staunen schenkt eine unvergleichliche Kraft, die uns letztlich über alle Angst, Ängstlichkeit, Sorge, Schmerz und Grenze hinaus wachsen und so wahrhaft leben lässt!

Nicht betteln, sondern beanspruchen!

Wir sind zwar heute in manchem freier als unsere Vorfahren, aber vielfach leben wir immer noch in der Grundhaltung der „Bettler". Wohlgemerkt, es geht hier nicht um die wertvolle Grundhaltung echter Dankbarkeit überall dort, wo wir uns als wahrhaft Beschenkte erleben. Es gibt ein Bettlertum, das mit vermeintlichen oder tatsächlichen Abhängigkeiten zu tun hat, weil Menschen sich aus mangelndem Selbstbewusstsein und Selbstwertgefühl, aus Ängstlichkeit und Angst einfach ausliefern. Hintergrund ist meist Angst vor dem Verlust von Zuwendung, Anerkennung und Wertschätzung. Eigener Wille, eigene Überzeugung, eigene Meinung und eigenes Tun werden dann aus Angst und vorauseilendem Gehorsam der Anpassung unterworfen, um möglichst so zu sein, wie es gewünscht wird. Vor allem in der mittleren und älteren Generation ist dies weit verbreitet. Die entsprechende Erziehung trägt dann ein Leben lang Früchte. Wer gelernt hat, aus der Grundhaltung der Unterwerfung in Engen zu leben, gewöhnt sich daran und hört auf, Ansprüche zu stellen. Gibt es dafür dann auch noch Lob, sind die entsprechenden unterwürfigen Grundmuster besiegelt und vor allem verinnerlicht und dadurch vor Veränderungen geschützt. Selbstschwächung, Selbstentwertung und Selbstlosigkeit sind dann die unausweichliche Folge und Betteln um Wahrgenommen-werden, und um ein bisschen Achtung und Zuwendung wird die Grundhaltung. Nicht überall entsprechen löst Schuldgefühle aus und an die Opferrolle gewöhnt man sich.

Erziehung und Begleitung sollten viel mehr um die Befreiung aus der Bettlerrolle bemüht sein. Alles, was Selbstachtung, Selbstwert und Selbsttreue fördert und stärkt, führt zu einer Persönlichkeitsentwicklung, die innere Stärkung bewirkt. Diese wiederum ist Voraussetzung für Begegnungsfähigkeit.

Das Fragwürdige früherer Erziehungsstile war, die Menschen von sich selber frühzeitig abzulenken und wegzuführen, in der Hoffnung, dass sie dann keinen Egoismus entwickeln, gefügig sind, sich unterordnen und für die anderen da sind. Diese Wege haben sich offenkundig nicht wirklich bewährt. Aus Erfahrungen und psychologischen Erkenntnissen wissen wir heute, dass eine gesunde Persönlichkeitsentwicklung mit Hinführung zur Ich-Stärke die Basis ist, um mit sich und anderen in Frieden und in gesunder Harmonie leben zu können. Nur wer selber verantwortungsvoll Ansprüche stellen kann, wird auch gut mit Ansprüchen anderer umgehen können. Wer aus eigenem Selbstwerterleben heraus Achtung, Würde, Respekt und Wertschätzung erwartet, wird dies auch anderen großzügig zugestehen. Sonst erwachsen aus ständiger Untertänigkeit nur Aggressionen, die in allem Anpassungsverhalten dahinterliegend Neid, Missgunst und Zynismus zur Entfaltung bringen.

Niemand hat es nötig, sich zu entschuldigen, weil er da ist. Würde und Achtung brauchen nicht mit Verweis auf Vorleistungen erbettelt werden, sondern stehen jedem Menschen seinem Wesen nach zu. Lebensgestaltung sollte immer von aufgerichteten und damit aufrechten Menschen ausgehen, die sich an ihrem Sein erfreuen und auf ihre Einmaligkeit stolz sind. So kann Lebensqualität wachsen und Lebensfreude vieles erhellen und bereichern. Nicht die erbrachten Leistungen berechtigen den Menschen zu Selbstwert und Anspruch, sondern das Mensch-sein an sich. Jede und jeder sollte sich und auch anderen mit Selbstbewusstsein vermitteln: es ist gut, dass es mich gibt!

Moderne Lebensweisen gefährden Eros

Immer mehr Menschen geraten durch ihre Art zu leben in Lebensweisen, die nicht Lebens-gestaltung sind, sondern vom Funktionieren geprägt werden. Automatismen führen zur Überforderung, die zum Dauerzustand wird. Das Leben wird gerade noch ausgehalten und zum Innehalten fehlen Kraft, Zeit und Rahmenbedingungen. Wenn sich zwischendurch das Fitnesscenter gerade noch ausgeht, ist schon viel erreicht. So leisten viele Menschen enorm viel und fühlen sich trotzdem oder gerade deshalb innerlich leer. Eine schwer einzuordnende grunddepressive Strömung zieht sich dann durch das Leben und den Alltag. Was dann in vielerlei Hinsicht auf der Strecke bleibt, ist der Eros.

Eros ist die grundlegende Quelle für begeisterte und begeisternde Gestaltung aller Lebensbereiche. Ob Lebens-eros, Liebes-eros, Glaubens-eros, Beziehungs-eros, Bildungs-eros... ohne Eros fehlt dem Leben die Farbe, der Klang, die Energie, die Originalität und vor allem die alles durchdringende Lebendigkeit. Eros kann nicht geplant, organisiert oder produziert werden, sondern braucht Raum, Zeit und Nährboden für Entfaltung. Eros kann nicht auf Knopfdruck, unter Zeitdruck oder auf biochemischer Basis herbeigeführt werden. Eros kann auch nicht durch Leistungsfetischismus, Suchtverhalten oder Machtgier kompensiert werden. Die erotische Lebens- und Gestaltungsenergie ist viel mehr Geschenk, das mir zufällt, wenn ich durch meine Gestaltung den Nährboden bereite. Eros ist nicht an Geld, Besitz, Macht, gesellschaftliche Rolle oder Herkunft gebunden. Nicht einmal die in unserer Gesellschaft oft so überbetonte unbedingt notwendige volle Gesundheit ist Voraussetzung für Eros.
Eros als Lebensliebe wächst und entfaltet sich überall, wo wir Leben hegen und pflegen und ihm dafür Raum und Zeit geben.

Es ist schon eigenartig: in einer Zeit der unendlich vielen Möglichkeiten engen wir in Wirklichkeit das Leben auf einige wenige Dimensionen ein und landen im überfordernden und sinnentleerenden Einseitigkeiten (ich lebe derzeit nur für...). Was es braucht sind nicht noch mehr Voraussetzungen, um erfüllender und beglückender leben zu können, sondern eine konsequente und nachhaltige Entscheidung für das Leben, damit es sich ereignen kann. Dann kann die Quelle Lebenseros reichlich sprudeln und Lebensfelder mit Nährstoffen versorgen, damit es Entwicklung und Entfaltung gibt. Wenn Kopf und vor allem Herz nicht nur auf Programmierung, Abrufbarkeit, Perfektionierung und Automatisierung ausgerichtet sind, sondern im Kontrast für Spontaneität, Gelassenheit, Warten-können, Wachstum, Überraschung, Innehalten, Horchen, Spüren, Öffnen und Staunen frei und bereit sind, können Lebenshoffnungen sich erfüllen, Lebensträume wahr werden und Lebensenergien frei und fruchtbar fließen! Leben braucht ein Weniger an Machbarkeit und dafür ein Mehr an Erotisierung. Leben sollte wie eine faszinierende, umwerbende, mich in allen Sinnen anrührende, in aller Kreativität fördernde und mich zum Liebesspiel einladende Geliebte bzw. Geliebter sein, damit Leben sich verdichten kann.

Im Vergleich dazu werden mich Nüchternheit, Sachlichkeit, Planbarkeit und Perfektion nicht mehr verführen können. Das Leben lädt ein, und zwar nicht zum durchorganisierten Meeting, sondern zum bunten, berührenden und erotisierenden Fest. Durch diese Feste mit Lebensfeuer durchwirkt, werden wir vieles in unserem Leben mit anderen Augen betrachten und vor allem in anderen Wertigkeiten erfahren. Die Verführungskünste des Lebenseros sind faszinierender als wir glauben. Vor allem auch deshalb, weil wir nicht in die Illusion, sondern in die Lebensfülle geführt werden. Das ist wahrer Eros und daraus wahres Leben!

Lebens-eros

Leben
berühre und ergreife mich
durchwirke mich
verführe mich
rüttle mich wach
erotisiere mich

Leben
lass mich innehalten
offen werden
staunen
kreativ sein
neue Wege gehen

Leben
erfasse mich in allen Sinnen
hole mich aus dem Trott des Alltags
befreie mich vom Funktionieren
öffne mir das Herz
erfülle mich mit Feuer
und lass mich anders werden

Leben
ereigne dich

Angst, überflüssig zu werden

Angst prägt vieles in unserem Leben. Sie ist gleichsam allgegenwärtig. Dem entsprechen auch die vielen Absicherungen und Versicherungen. Hinter allen kleinen und großen Ängsten steckt die Angst, nicht mehr wahrgenommen, geschätzt und geliebt zu werden, die Angst bedeutungslos und überflüssig zu sein. Darum möchte auch jede und jeder etwas Besonderes leisten, um zumindest ein Werk oder Spuren zu hinterlassen, um nicht vergessen zu werden. Das schafft auch einen ungeheuren Druck, der viele Kräfte bindet.

Leider steht in alledem das Haben mehr im Vordergrund als das Sein. So führt der Weg in allem Leisten und Haben in die Engen mangelnder Sinnerfahrung. Der Preis für die Bemühungen, Besonderes zu leisten und Überdurchschnittliches zu erbringen ist sehr hoch, nämlich ein Weniger statt des erhofften Mehr an Lebensqualität. Die ethische Antwort darauf ist leider oft eine bloße moralisierende Zurechtweisung, die das versteckte Minderwertigkeitsgefühl dann noch mit weiteren Schuldgefühlen verbindet und in noch mehr Leistungsdruck führt.

Was wir alle heute brauchen ist begleitende Hilfestellung, die uns zu den Wurzeln des Lebens und des Seins führt. Dabei bietet ein ursprünglicher, menschenfreundlicher und gesunder Glaube die unvergleichliche Hilfe an. Denken wir nur an die bewegenden, stärkenden und bergenden Psalmworte: „Ich will dich rühmen, Herr meiner Stärke, Herr, du mein Fels, meine Burg, mein Retter, mein Gott, meine Feste, in der ich mich berge, mein Schild und sicheres Heil, meine Zuflucht. Mit dir erstürme ich Wälle, mit meinem Gott überspringe ich Mauern.“ (Psalm 18,2-3 u. 30). Hier wird für mich eine Geborgenheitserfahrung angesprochen, nach der wir alle hungern und dürsten, eine Geborgenheit, die Sicherheit schafft und Angst überwinden hilft. Diese Geborgenheit ist nicht Honorierung für überdurchschnittliche Leistung, für erarbeitetes Haben oder gar für Perfektion, sondern es ist geschenkte Geborgenheit, in der es um das Sein geht. Mein Sein, mein Mensch-sein verleiht mir Würde und An-sehen. Ich bin wertvoll, weil ich bin, nicht weil ich es mir durch Arbeit, Verzicht, Leid, Schmerz und Perfektion verdient habe. Weil ich bin, kann ich nicht mehr bedeutungslos und überflüssig werden. Das ist auch der Kern jeder gesunden Religiosität, weit weg von Leistungssystemen und Überforderungsstrukturen.

Ich fühle, dass echtes Horchen diese Wege zum Sein, zu einem unbeschwerten Sein frei macht. Wenn ich daran bin, äußere Parolen immer mehr zu überhören und auf den Wesenskern in mir zu horchen, dann werde ich fähig, von der Wurzel her Ängste zu gestalten, gut zu mir selber zu sein und in der Geborgenheit Sicherheit zu erfahren. Nicht die Absicherungen und Versicherungen machen uns frei und nehmen uns die Ängste, sondern die Geborgenheit macht uns innerlich stark und fähig, Ängste durch Gestaltung abzubauen. Im Geborgen-sein kann ich mich selber spüren, mich von Erwartungsdruck lösen und mich dem Sein öffnen. Meine Einmaligkeit, meine Originalität und meine Würde lassen mich das Besondere erleben. Weil ich bin und weil ich ich bin, kann ich nicht überflüssig sein! Das schenkt mir die Freiheit und die Gelassenheit, mich nicht dem Müssen der Leistung, sondern mich vielmehr der Leichtigkeit des Seins auszuliefern. Ja, es ist gut, dass es mich gibt!

Menschen im Sterben lehren uns leben

Nach 30 Jahren in der Sterbebegleitung bin ich zutiefst davon überzeugt, dass die wirksamsten und nachhaltigsten Wegweisungen für befreite, heilende und erfüllende Lebensgestaltungen von Menschen kommen, die am Ende ihres Lebens stehen und für sich Lebensbilanz ziehen. Wahrscheinlich gibt es keine andere Lebenssituation, in der der Mensch so ehrlich, so spontan und so echt ist, wie in dieser Grenzsituation. Wenn auch jede Lebensbilanz natürlich auf dem Hintergrund der Einmaligkeit dieses Menschen zu betrachten ist, kommt doch viel Wesentliches und Grundlegendes zum Ausdruck, das auch für andere, die zum Innehalten und Horchen bereit sind, höchst bedeutsam werden kann. Kein noch so gescheites Lehrwort, keine noch so flammende Predigt und kein noch so theoretisch fundiertes Lebenshilfebuch kommt wohl an die Dichte, Glaubwürdigkeit, Wirksamkeit und Bedeutsamkeit dessen heran, was sterbende Menschen uns, die wir sie begleiten, an Lebenshilfen anbieten können. Wenn auch von Tränen, Abschiedsschmerz und der Härte des Loslassens umrahmt, sind diese Wahrnehmungen, Einsichten und Erkenntnisse von einer Klarheit, Reife und Dynamik aus Lebenseinsicht geprägt, die ihresgleichen vergeblich sucht. Um das verständlich zu machen, möchte ich einige Beispiele in aller Sachlichkeit und Einfachheit herausgreifen und mit der Einladung zum Hinhorchen weitergeben.

Eine über 80 Jahre alte Frau aus dem ländlichen Raum erzählt in der Lebensbilanz, dass sie ein Leben lang nur gerackert und geschuftet hat, sich selber nie etwas gegönnt und immer nur gefragt hat, was sie für andere tun kann. Sie anerkennt auch selber, dass sie viel geleistet hat. Womit sie schwer fertig wird ist, dass sie auf sich selber vergessen und sich ständig zurückgestellt hat. Erschütternd war für mich ihr Satz „Ich habe mein Leben ganz gut hinter mich gebracht und sehr viel Gutes getan, aber ich habe selber nicht wirklich gelebt." Sie brachte es auch in einem Vergleich auf den Punkt als sie meinte, sie habe gegessen, aber nicht verkostet und genossen. Oft beklagt sie in den Gesprächen, dass sie zwar von allen Seiten zur Leistung, zum Verzicht und zur Selbstlosigkeit erzogen wurde,aber dass ihr niemand das Genießen beigebracht und sie nicht zu den Köstlichkeiten des Lebens geführt hat. Sie meint, dass von ihrem inneren Kern her weit mehr an Lebensenergie und Lebensbereitschaft angelegt gewesen wäre. Die Wut über die Blockierungen von außen wird in den Gesprächen immer wieder spürbar. Sehr harte Vorwürfe gab es dabei im Hinblick auf ihre religiöse Erziehung, die sie, wie sie meinte, von vielen möglichen Lebensquellen weggeführt hat, statt sie hinzuführen. Rückblickend hätte sie sich mehr Einladungen statt der Verbote gewünscht. Ein spätes Resümee von ihr ist: „Könnte ich noch einmal leben, würde ich mein Leben deutlich mehr selber in die Hand nehmen und nicht mehr so von anderen bestimmen lassen!"

Ein 52-jähriger Mann mit schwerer Krebserkrankung im Endstadium macht sich viele Gedanken und erzählt mit großem Ärger immer wieder davon, dass er nur für den Beruf gelebt und dafür alles gegeben hat. Er wurde immer dringend gebraucht, für sein überdurchschnittliches Engagement auch gelobt und mit immer mehr beladen. Oft habe er sich gewünscht, einmal für ein paar Wochen krank zu werden, um endlich einmal Ruhe zu haben. Schon lange fühle er sich schuldig, weil er sich selber, die Beziehung und die Familie vernachlässigt habe. Es gab nicht einmal mehr Zeit, um zum Nachdenken zu kommen. Sein Resümee jetzt: „Ich habe nur funktioniert, aber nicht gelebt." Jetzt plagt ihn die Frage, wie es nur so weit kommen konnte und warum er jetzt noch für all das bestraft wird und sterben muss. Er erzählt, dass er schon in der Kindheit gelernt hat, immer fleißig zu sein und den Wünschen anderer zu entsprechen.

Dass nur die Harten durchkämen, hat er oft gehört und dann auch versucht danach zu leben. Unter Tränen und mit deutlich spürbarem Zorn meint er: „Ich habe alles gegeben und alles verloren!"

Eine 38-jährige Frau nach Chemo- und Bestrahlungstherapie weiß um ihr nahendes Ende. Sie erzählt immer wieder, dass sie seit gut zwölf Jahren Furchtbares mit ihrem alkoholkranken Mann durchgemacht habe. Sie habe schon vor zehn Jahren erkannt, dass ihre einzige Chance die Trennung und ein neuer Lebensentwurf. Von ihrer Erziehung und auch von ihren Angehörigen her hat sie sich gedrängt gefühlt, in der Beziehung zu bleiben und durchzuhalten. Wenn sie geschlagen, beschimpft und gequält wurde, habe sie sich oft gewünscht, sterben zu können, um endlich Ruhe zu haben. Jetzt ist sie überzeugt, sie hätte ihrer innersten Stimme folgen sollen, denn intuitiv habe sie gespürt, was sie tun solle. Sie hätte so gerne gelebt, wie es ihr selbst entsprochen hätte.

Wenn ich solche und ähnliche Lebensbilanzen höre, denke ich oft an das weise Wort, dass das Leben die bestraft, die zu spät kommen. So gesehen lehren uns sterbende Menschen auf die Rechtzeitigkeit im Leben zu achten. Immer wieder erfahre ich aus erzählten Lebensgeschichten, dass es nicht darum geht, dass wir Menschen nicht erfahren und nicht spüren können, was zu tun ist, sondern dass wir nicht bereit sind, auf die innere Stimme zu horchen und ihrem Rufen mehr zu vertrauen und zu folgen, als den Zurufen von außen. Vielen von uns geht es immer noch viel zu viel darum, wie wir vor anderen dastehen, was andere von uns denken und halten und ob wir aufgesetzte Erwartungen erfüllen. So machen dann viele Menschen am Ende ihres Lebens die bittere und zutiefst schmerzliche Erfahrung, dass sie gelebt wurden, aber nicht selber gelebt haben. Und sich mit den nicht gelebten Lebensmöglichkeiten zu versöhnen ist eines vom Härtesten im Leben und erst recht im Sterben.

Es gibt aber auch Menschen, die in ihrer Lebensbilanz als herausragende Beispiele von ihrer Hinwendung zum Leben erzählen und auch stolz darauf sind und Erfüllung spüren.

Eine 78-jährige Frau erzählt mir, dass sie mit vierzig Jahren in ihrer Lebensgestaltung radikale Einschnitte und Neuentwürfe gemacht hat. Bis dahin habe sie auf dem Hintergrund ihrer Erziehung nur für die anderen gelebt. Sie hat ihre drei Kinder praktisch alleine erzogen, im Haushalt alles alleine machen müssen, und sie hatte auch immer für ihren Mann da zu sein. Sich nebenbei auch noch um die Eltern und Schwiegereltern zu kümmern war selbstverständlich. Um dem Ganzen wenigstens für einige Stunden zu entkommen, hätte es die Möglichkeit zu einer Teilzeitarbeit für sie gegeben. Das hat ihr ihr Mann sofort untersagt. Dann fiel sie für ein gutes Jahr in eine massive Depression. Dabei erfuhr sie das meiste Unverständnis von denen, für die sie die ganze Zeit am meisten da war. Dann kam für sie die Erleuchtung, wie sie es selber nannte, dass sie nur durch radikale Schritte und Einschnitte eine Chance habe. Im Laufe eines Jahres fand sie selber eine Arbeit, trennte sich von ihrem Mann, mietete sich eine kleine Wohnung und begann zu leben. Außer von den Kindern gab es von allen Seiten erhebliche Vorwürfe und Schuldzuweisungen. Aber sie schaffte es, sich selber endlich einmal treu zu sein. Auf einmal traf sie auf Menschen, die sie stützten, ermunterten und sie in ihrer Stärkung noch festigten. Sie fand auch durch einen sehr aufgeschlossenen Seelsorger zu einer erneuerten Religiosität. So traten langsam auch die Schuldgefühle in den Hintergrund und sie wurde stolz darauf, ihren Weg gefunden zu haben. Durch die Rückmeldungen ihrer Kinder erfuhr sie, dass sie auch ihnen Vorbild für mutige Lebensentscheidungen geworden war. Voller Freude erzählte sie mir wie dankbar sie jetzt ist, dass sie wenigstens den zweiten Teil ihres Lebens dem Leben gewidmet hat. Für mich war beeindruckend, wie sie einmal zu mir sagte: „Wissen sie, ich war auch nach dieser radikalen Wende für andere da, oft sogar sehr intensiv, aber nicht mehr selbstzerstörerisch, sondern im rechten Maß und in Selbstachtung!"

Auf dem Hintergrund solcher und ähnlicher Erfahrungen täte es uns allen gut, einmal ehrlich eine Lebensbestandsaufnahme zu machen. Dabei geht es nicht um richtig oder falsch, sondern um die Frage der Stimmigkeit in mir. Sobald nämlich andere für mich wissen, wie ich zu leben habe und was für mich richtig und sinnvoll ist, beginnt es höchst fragwürdig zu werden. All die Besserwisser, Moralapostel und Ratgeber, die ständig für andere Lebensgestaltungsprogramme festlegen und verordnen, mögen zuerst einmal bei sich selber beginnen und auch an der eigenen Lebensbaustelle arbeiten. Dann werden sie vielleicht und hoffentlich achtsamer werden. Achtsame Menschen sind klar, offen, behutsam und einfühlsam. Und sie spüren aus den eigenen Erfahrungen, wie groß die Vielfalt und Faszination der möglichen Lebenswege und Sinnhorizonte tatsächlich ist. Darin Vorbild zu sein ist nicht aufdringlich, sondern ansteckend.

Zu viele Berater!

Sie wissen,
wie es geht, zu leben
wie es geht, zu trauern
wie es geht, zu glauben
wie es geht, erfolgreich zu sein

Sie wissen,
wie es geht, Beziehungen zu leben
wie es geht, Krisen zu lösen
wie es geht, gesund zu werden
wie es geht, faltenfrei alt zu werden

Sie wissen,
wie es geht, Sinn zu geben
wie es geht, Leid zu ertragen
wie es geht, fit zu bleiben
wie es geht, in den Himmel zu kommen

Wir haben rundum zu viele, die wissen, wie es geht!

Wir haben viel zu viele Berater und Ratgeber,
aber viel zu wenige, die uns durch ihr eigenes Sein
zum Innehalten, zum Horchen, zum Staunen,
zum Suchen, zum Träumen, zum Probieren
und so einfach zum Leben einladen!

Wer kann es sich leisten, sein eigenes Leben zu leben?

Viele Menschen erkennen heute, dass sie zumindest über weite Strecken ihres Lebens gegen sich selber leben. Die Rechtfertigung dafür ist in der Regel, von so vielem und so vielen abhängig zu sein.

Wenn ich das Geld hätte, wenn ich die Freiheit hätte, wenn ich den Mut hätte, wenn ich die Unabhängigkeit hätte, wenn ich einen Lottogewinn hätte, wenn ich die Mittel hätte,...
So und ähnlich beginnen in der Regel die Erklärungen dafür, dass Veränderungen dringend nötig wären, aber die Rahmenbedingungen es nicht ermöglichen.

Vielleicht denken auch Sie sich bei manchen Ansätzen in diesem Buch „Schön wäre es, aber bei mir geht das leider nicht." Außerdem könne sich doch nicht jeder eine Insel suchen und dort sein Glück finden, wird auch oft argumentiert.

Auf den ersten Blick scheint es tatsächlich eine Frage der materiellen Mittel zu sein, ob ich weitgehend mein eigenes Leben leben kann oder mich eben „nach der Decke strecken" muss. Wer viel Geld hat, dem stehen sicher viele Möglichkeiten offen, die jene nicht haben, die mit wenig auskommen müssen und vielleicht jeden Monat bangen, wie sie die letzten Tage finanziell über die Runden kommen. Wir sollten aber doch achten, nicht alles von finanziellen Mitteln abhängig zu machen. Die Praxis zeigt immer wieder, dass der Spielraum für beglückende Lebenserfahrungen oft viel größer ist, als gemeint.

Die Kunst, erfüllend zu leben, besteht offenkundig darin, eine Wertordnung für sich selber zu finden und zu leben, die nicht auf die Unmöglichkeiten fixiert, sondern auf die Entdeckung der Möglichkeiten ausgerichtet ist. Wenn ich immer nur wiederhole, dass sich meine Eltern auch nichts gegönnt haben, dass mein enges Glaubensgebilde mich nichts genießen lässt oder ich sofort Schuldgefühle bekomme, wenn ich mir selber Gutes tue, dann werde ich im Kreislauf der Lebensblockaden bleiben.

Aus vielen Begleitungen heraus scheint es mir wichtig, nicht immer nur bei den materiellen Mitteln anzusetzen, sondern zunächst einmal im existentiellen Bereich auf Entdeckungsreise zu gehen. Verliebte und liebende Menschen haben es auch immer geschafft, sogar trotz harter und einschränkender Bedingungen, einander beglückende ganzheitliche Erfahrungen zu schenken und miteinander zu erleben.

Wenn die Liebe und Entscheidung zu einem erfüllenderen, bewussteren und rechtzeitigen Leben groß genug ist, werde ich eine Wertordnung leben, die mich diesem Lebenstraum zumindest näher bringt. Ich brauche nicht unbedingt eine eigene Insel oder einen Ausflug in eine tausende Kilometer entfernte Insel, sondern ich kann auch zunächst einmal die kleinen Oasen in mir und um mich herum entdecken gehen. Das eigene, selbständige und beglückende Leben beginnt nicht im Äußeren, sondern in meinem Inneren. Ich selber muss mir gleichsam grünes Licht geben, damit die Wege frei werden. Nur ich selber kann eingelernte Muster der Lebensbehinderung schrittweise verändern und mich ohne schlechtem Gewissen auf mehr Leben hin orientieren!

Der innerste Kern in unserem Sein ist von Anfang an auf Leben, auf Lebensqualität und Lebensfülle ausgerichtet, weil wir für Leben geschaffen sind. Deshalb sollten auch alle Leid- und Grenzerfahrungen nicht zur Hingabe an das Leid und zu Pessimismus und Resignation verführen, sondern Einladung sein zu einer „Trotzdem“- und „Jetzt erst recht“-Haltung mit noch mehr Lebensliebe. Niemand hat es nötig, Leid als Lebensdämpfer oder gar Strafe für erlebten Lebensgenuss zu deuten. Lebenslust, Lebensfreude, Lebenseros und Lebensfülle sind göttliche Geschenke, die ohne Zögern und dankbar angenommen und gelebt werden sollten.

Vielen von uns fällt es natürlich leichter, andere und nicht zuletzt Gott und Schicksal dafür verantwortlich zu machen, wenn wir das Gefühl haben, am Leben vorbei zu leben. Wenn ich aber die eigene Verantwortung wahrnehme, auf die innere Stimme höre und die mir möglichen Wege suche und gehe, werde ich mitten im Leben sein. Ich entscheide, ob ich aufgedrängte Wege gehe oder meine eigenen. Wenn ich ein Leben lang Konzepte lebe, die andere für mich entworfen haben, werde ich, voller Lebensfrust, nicht nur mir selber fremd, sondern ich werde, von Neid und Missgunst erfüllt, bewusst oder unbewusst auch andere blockieren. Gelingt es mir aber, mich zu befreien und mit Selbstbewusstsein und aus Selbstwert mein Leben zu leben, werde ich, von Lebenseros erfüllt auch den anderen Leben gönnen und sie dabei fördern. Die Lebensoasen sind uns oft näher als wir glauben. Wir brauchen nur aufbrechen und aus der eigenen Mitte heraus auf sie zugehen.

Wer immer nur überlegt, plant und fixiert, an Rahmenbedingungen bastelt, damit irgendwann und irgendwie vielleicht sich doch mehr Lebensglück einstellt, wird endlos warten und im Lebensfrust landen. Wer einfach jetzt zu leben beginnt und das Jetzt ausschöpft, wird in eine Lebensspirale kommen, in der unerwartet und ungeplant Leben sich einfach ereignet. Das schenkt innere Beglückung und Lust auf mehr, ohne der Gier zu verfallen. Wer wirklich lebt, teilt auch gerne, und wer staunend verkostet, gönnt auch gerne. Nicht die Moralapostel führen zu den Lebensquellen, sondern der Lebenseros und ich selber, wenn ich mich erotisiert für Leben entscheide.

Einsamkeit als Wendepunkt

Mit der Einsamkeit ist es so eine eigene Geschichte. Sie wird oft beklagt, verdrängt und durch Flucht- oder Suchtverhalten scheinbar verhindert oder überwunden. Oft ist zu hören, dass du in der Einsamkeit landest, wenn du nicht überall mitmachst.

Warum ist die Angst vor Einsamkeit heute so groß? Was ist so erschreckend an ihr? Ist nicht ein gewisses Maß an Einsamkeit geradezu notwendig, um zu mir selber zu kommen, innezuhalten, um auch wieder vor dem Geheimnisvollen staunen zu können?

Wenn wir ständig funktionieren, ständig in Aktion sind, ständig in (zumindest oberflächlichen) Kontakten und Beziehungsfeldern stehen und uns ständig im „Außen-bereich" aufhalten und vom „Innen-bereich" ablenken, geraten wir wohl in einseitige Lebensgestaltung. Natürlich würde uns Vereinsamung in die seelische Verarmung führen. Das wissen wir von Menschen, die alleingelassen im Leid stehen. Aber Einsamkeitserfahrungen können sehr wohl existentielle Wendepunkte auf mehr und qualitätsvolleres Leben hin sein. Ich möchte nicht ständig funktionieren und deshalb Ansehen haben, weil ich Stress vermittle und überall gleichzeitig zu sein scheine, sondern ich möchte Wertschätzung erfahren, indem ich in meinem Sein, in meiner Echtheit und meiner einmaligen Persönlichkeit wahr- und ernst genommen werde. Dazu möchte ich auch immer wieder Mut zum Alleinsein haben, damit ich mich auch selber wahr-, ernst- und annehmen, mich selber spüren und mich auch mit mir und meinem Leben ehrlich konfrontieren kann.

In der heutigen Betriebsamkeits- und Ablenkungsgesellschaft sind kreative Einsamkeitserfahrungen nötig, um nicht in der Vereinsamung zu landen. So möchte ich

Einsamkeitsmomente aktiv nutzen oder sogar suchen, um das Dahinfließen meiner Zeit aufzuhalten und mir meiner selbst bewusst zu werden. So komme ich von der Gleichzeitigkeit zur Jetzt-zeitigkeit, von der Aufspaltung zur Ganzheit, vom Rand in die Mitte und vom Trubel zur Dichte. Ich komme gleichsam zu mir und frage mich neu, was ich eigentlich will, wozu ich da bin, wohin ich unterwegs bin und ob ich überhaupt noch selber lebe. Immer wieder werde ich von schmerzlichen Lebensumständen in diese Einsamkeit gedrängt, dann wieder suche ich freiwillig Einsamkeitserfahrungen, um nachdenklich zu werden, um die Gefühle wieder fließen zu lassen oder der eigenen Kreativität wieder Entfaltungsraum zu geben. So bringen Einsamkeitserfahrungen Schmerz, Tränen, Enttäuschungen, Erschütterungen, Leere, Hilflosigkeit, Ängste, aber durch kreative Gestaltung auch Reinigung, Erneuerung, Sensibilisierung, Freiheit, Visionen, Durchbrüche und Aufbrüche zu neuer Lebensqualität. Ohne diese Wendepunkt- und Wendezeiterfahrungen landen wir wohl in der Gewohnheit, der Bequemlichkeit, der Eintönigkeit, der Sattheit und letztlich in der Leblosigkeit und Vereinsamung.

Einsamkeitserfahrungen sind also Einladungen zum Horchen, zum Staunen, zur Veränderung, zur Entwicklung und so letztlich zur Reifung. Das kann in uns eine Einstellungsänderung im Hinblick auf Einsamkeit bewirken. Ist sie mir aufgedrängt, habe ich trotzdem die Freiheit zum Ertragen und dann zur schrittweisen Gestaltung. Suche ich sie freiwillig auf, wird sie ohnedies zur Chance und zur Bereicherung. Wichtig ist, dass ich ihr durch meine Gestaltung meinen Stempel aufdrücke, sie mir dadurch geradezu aneigne und daraus meine Lebensspuren auf mehr Leben hin ziehe. So wird die Einsamkeitserfahrung durch meine kreative Annahme und Gestaltung eben nicht zur Todesfalle sondern zur Lebensquelle.

Einsamkeit

auf mich zurückgeworfen
bei mir angekommen
alleine
mit Tränen gereinigt
endlich von Last befreit
fähig zum Horchen
bereit zum Träumen
frei für Hoffnung
mit klarem Kopf
durch frische Gefühle
den Morgentau spürend
betend
alleine
neu
und wieder lebendig

Von der Wirkkraft des Segens

In einer Zeit der totalen Machbarkeit, der Leistungssucht, der Gier nach Gewinnmaximierung, der Vergötzung der Wirtschaft, der Verheißung ewiger Jugend, der Degradierung des Menschen zum bloßen Konsumenten, der Hingabe an Werbung und Medien und der Ausrichtung auf alles Laute laufen immer mehr Menschen Gefahr, sich selber, Sinn im Leben und Erfüllung zu verlieren beziehungsweise nicht zu finden.

Eine Zeit lang lässt sich auch in Scheinwelten ganz gut leben, aber sie halten nicht, was sie versprechen. Dabei soll hier nichts generell abgewertet werden. Wir brauchen nicht vorher verfluchen, um dann segnen zu können. Aber ich möchte bewusst die Dimension des Segens und des Segnens ansprechen. Oft und gerne rufe ich aus meinem Herzen die Urerfahrung ab, wie ich meine Großmutter beim Segnen des Brotes erlebte. Dieses Ritual sagt mir auch heute: nichts ist zufällig oder selbstverständlich, nicht alles ist machbar, es gibt nicht nur den Anspruch, sondern auch das Geschenk.

Wir machen, hetzen, verlangen, manipulieren, benützen, coachen, maximieren und perfektionieren, und irgendwann merken wir (oft zu spät), dass das Leben vorbeigezogen ist. Darum höre ich in der Sterbendenbegleitung so oft die erschütternde Aussage: „Das kann doch nicht alles gewesen sein!“ Wenn der Mächtigkeit die Bedürftigkeit fehlt, das Laute die Stille vertreibt und das Funktionieren das Leben behindert, wird die Weite zur Enge, die Lust zum Frust und der Gewinn zum Fluch. Auf diesem Hintergrund hört der horchende Mensch den Klang zur Einladung in Richtung Veränderung. Diese Veränderung verlangt nicht Abbruch, Verneinung oder gar Flucht, sondern Aufbruch im Sinn der Hinwendung zur Ganzheit.

Die Einseitigkeit ist das Problem, und verbunden mit ihr die Eintönigkeit. Es geht daher um ein Ja zur Bedürftigkeit. Ich fühle mich der Ergänzung bedürftig. Ich möchte nicht der Sucht verfallen , alles haben zu müssen, aber dafür der Sehnsucht nach Ganzheit Raum und Entfaltung geben. Ich möchte gesegnet werden und segnen dürfen. Segen hat nichts mit Macht, Abhängigkeit, Selbstaufgabe oder gar Versklavung zu tun. Segen und Segnen sind Ausdruck von Selbstwert, Wertschätzung, Offenheit, Teilen, Gemeinschaft, Zuversicht, Heilkraft, Orientierung, Entscheidung, Lebensbejahung, Hoffnung, Vertrauen, Stärkung, Glauben, und vor allem von viel Liebe. Wie vieles würde sich ganz anders darstellen, würden wir vorher segnen und segnen lassen. Dann bringe ich auch das Innehalten, das Horchen, das Schweigen, das Staunen, die Achtsamkeit, die Versöhnungsbereitschaft, die Wertschätzung, die Offenheit, und vor allem die Vielfalt ins Spiel. Dann wird vieles relativiert und Wesentliches aufgewertet.

Segnende und gesegnete Menschen sind Menschen auf Wegen hin zur Erfüllung. Freiheit und Verantwortung, Geben und Empfangen, Selbständigkeit und Beziehungsfähigkeit, Genuss und Verzicht, Überzeugungsfestigkeit und Toleranz, Erwerben und Loslassen werden dabei ergänzend zur Ganzheit vernetzt. Die Wirkkraft des Segens kann so alle Lebensfelder durchwirken und uns jenes Lebensglück erfahren lassen, nach dem wir uns alle im Grunde unseres Herzens so sehr sehnen.

Als glaubende Menschen dürfen wir dabei erleben, wie Himmel und Erde sich gleichsam verbinden und uns göttliche Erfahrungen geschenkt werden. So werden wir daraus auch füreinander zum Segen.

Segnen

um frei zu werden
um loslassen zu können
um dem Horchen Vorrang zu geben
um Begegnung zu ermöglichen
um Enge weit werden zu lassen

segnen
um Heilkräfte zu wecken
um Erde und Himmel zu verbinden
um Quellen sprudeln zu lassen
um die Sonne aufgehen zu sehen
um den Morgentau zu spüren

segnen
um den Lebens-eros zu wecken
um Beziehung zu stiften
um das Leben gestalten zu können
um die göttliche Liebe zu erfahren
um einfach mit Gott zu sein

Wir brauchen wieder Meisterinnen und Meister des Lebens

Wir haben heute an allen Ecken und Enden Fachleute und Profis, selbsternannte Gurus, sich aufspielende Moralapostel und unendlich viele Menschen, die für andere wissen, wie sie zu leben haben. Dabei geht es oft nicht um das Wohl des Menschen auf dem existentiellen Hintergrund von Einmaligkeit und Einzigartigkeit, sondern um Macht, Einfluss, Wichtigtuerei und nicht selten um Selbstdarstellung aus eigenen Minderwertigkeitsgefühlen. Die Bedürftigkeit des Menschen von heute geht aber, denke ich, in eine andere Richtung. Wir bedürfen der Menschen, die lebenserfahrene und lebensbezogene Meisterinnen und Meister des Lebens sind. Für mich sind das Menschen, die selber verwurzelt und aufbruchsbereit aus der Mitte leben, die zutiefst spirituell und gleichzeitig weltgestaltend sind, die im Innehalten und im Engagement kompetent sind, die im Dienste des Heilens sich selber heilungsbedürftig erleben, die selber Suchende bleiben und andere dadurch zum Suchen motivieren, und die uns in alledem ein Stück des Weges mitgehen lassen, damit wir mit ihnen leben lernen dürfen. Wahre Meisterinnen und Meister verbinden für mich Innen und Außen, Tag und Nacht, Sorge und Gelassenheit, Leben und Glauben, Sein und Haben, Gebet und Arbeit, Krise und Chance, Selbstbewusstsein und Bescheidenheit, Verkosten und Verzichten, Geben und Empfangen. Meisterinnen und Meister des Lebens bringen uns mit dem Geheimnis und dem Geheimnisvollen in Berührung und führen uns vor allem zum Staunen. Deshalb steht auch nicht das Machbare, sondern das sich Ereignende im Mittelpunkt und es gibt viel Raum für das Horchen, das Spüren, die Intuition und die kreative Stille, die auch allen Aktivitäten innewohnt. Leben wird nicht gemacht, sondern erfahren.

Viele Menschen sind nämlich längst übersättigt von diesen Machbarkeitsstudien und -programmen, die Glück jeder Art, dauernde Gesundheit, perfekte Fitness, beschwerdefreies Alter, ewig junges Aussehen und ähnliches verheißen. Stattdessen wächst die Sehnsucht nach Menschen, die kompetent, ehrlich, echt und glaubwürdig auf mehr Lebensqualität hin begleiten, die in Oasen aufatmen helfen und die eine Hoffnung geben oder zumindest wach halten, die uns wahrhaft leben lässt.

Meisterinnen und Meister des Lebens brauchen keine medienwirksamen Auftritte, keine Erfolge um jeden Preis, kein Styling und kein Coaching, keine Schminke und keine Maske, keinen Applaus von allen Seiten, keine Platzierung in Schlagzeilen und kein Buhlen um Berühmtheit. Meisterinnen und Meister des Lebens sind schlicht und einfach sie selber. Menschen, die durch Echtheit und durch ein Leben in Einmaligkeit und Einzigartigkeit lebendig, frisch und unverbraucht sind, brauchen weder Flucht noch Sucht, weder Selbstdarstellung noch Selbstverleugnung. Sie sind offen und abgrenzend, ganz bei sich und ganz beim Du, voll innerer Ruhe und ganz lebendig, und sie leben vor allem im Augenblick, dem Brennpunkt in der heilvollen Vernetzung von Vergangenheit, Gegenwart und Zukunft.

Meisterinnen und Meister des Lebens als Botinnen und Boten wahren Lebens werden nicht gemacht, gewählt oder bestimmt, sondern sie sind ein Geschenk. Ihre Weisheit, Reife, Begeisterung und Stärke sind nicht an Alter, Geschlecht oder Herkunft gebunden. Sie sind mitten unter uns. Auch wenn derzeit das Laute sie oft übertönt, wird es immer mehr Horchende geben, die ihnen begegnen wollen und werden. Denn die Sehnsucht nach wahrem Leben wird immer stärker. Das Geschöpf sehnt sich eben nach dem Schöpfer.

Anders werden

Warum suchst du sie
bei den Lauten, Starken und Mächtigen?

Warum suchst du sie
bei den Bekannten, Berühmten und den Stars?

Warum suchst du sie
bei den Erfolgreichen, den Machern und den
Adabeis?

Warum wendest du nicht deinen Blick
änderst nicht deine Einstellung
und lernst du nicht das Horchen?

Wahre Meisterinnen und Meister des Lebens
wirst du anderswo entdecken
als dort, wo du sie bisher erwartet hast!
Sie sind dir näher als du glaubst!
Öffne dich!

Einladungen zum Leben

In meinen Begleitungen von Menschen in Grenzsituationen des Lebens habe ich in den bisher 30 Jahren viele Aussagen, Rückblicke, Lebensbilanzen, spontane Aufschreie, Klagen, Hoffnungen, Sehnsüchte und Anfragen gehört, die im Grunde alle eine Wurzel haben, nämlich die Sehnsucht nach (mehr) Leben. Stellvertretend möchte ich hier einige anführen, nicht geordnet, bewertet, analysiert, systematisiert oder kommentiert.

Wenn ich sie achtsam höre, denke ich oft spontan an die biblische Motivation in die Richtung „Wer Ohren hat zu hören, möge hören! Wer sein Herz noch spürt, möge es öffnen! Wer von Oberflächlichkeit übersatt ist, möge sich auf Wesentliches hin orientieren! Wer vom Todbringenden genug hat, möge sich dem Leben zuwenden. Wen Machbarkeit, Macht und Haben nicht mehr gefangen nehmen können, möge sich vom Sein faszinieren lassen! Wer in der Selbstverwirklichung und Selbsterlösung ansteht, möge sich der göttlichen Zuwendung öffnen und in die Grenzenlosigkeit führen lassen! Wer von anderen gelebt wurde, möge anfangen, selber zu leben!"

Mich jedenfalls macht es betroffen, wenn ich in der Begleitung höre:

> Mein Gott, wo ist meine Lebenszeit hingekommen!
>
> Warum können Träume so schnell versiegen?
>
> Was ist nur aus unseren Visionen geworden!
>
> Mein Vater hat uns Kindern immer gesagt: zum Ausrasten ist auf dem Friedhof Platz!
>
> Ich hätte mehr auf mein Inneres hören sollen!
>
> Warum hat mich niemand wirklich aufgeweckt?

So vieles hat man uns gelehrt, aber nicht wie leben geht!

Warum sehe ich erst jetzt, am Ende, meine Lebensmöglichkeiten?

Ich habe verzichtet, gerackert und geschuftet, aber gelebt habe ich nicht!

Durch meine Scheidung und meine Krankheit bin ich wach geworden und dann habe ich zu leben begonnen!

Uns haben sie beigebracht, nicht an uns selber zu denken, das hätte mich beinahe umgebracht!

Es war einfach zu laut, um das Wichtigste zu hören!

Auf mein Leben zurückblickend komme ich mir vor wie ein Automat!

Ich habe das Gefühl, nur funktioniert zu haben!

Eines Tages bin ich, Gott sei Dank, ausgestiegen und habe noch rechtzeitig vieles verändert!

Ich hätte öfters selber entscheiden sollen!

Ist das ganze Leben nicht ein einziger Betrug?

Alle rundherum wissen, wie Du zu leben hast, aber keiner von denen hilft dir damit wirklich!

Wo geht es denn heute noch um den Menschen?

Die wirklich weisen Menschen findest du nicht dort, wo du es erwartest!

Wenn ich noch ein paar Jahre bekäme, würde ich nur noch leben!

Ich war immer nur unruhig und auf der Flucht!

Woran kannst du dich heute noch orientieren?

Das Leben hätte es mit mir besser gemeint als ich mit mir!

Das wirklich Schöne findest du nur im Kleinen!

Es gibt so viel Großartiges, du musst nur hinschauen!

Seit ich den liebenden Gott entdeckt habe, ist so vieles in mir heil geworden!

Nicht Gott und nicht die anderen haben mich am Leben gehindert, sondern ich selber!

Warum haben sie dir nicht mehr von der Freude erzählt?

Mit der Angst und mit den Schuldgefühlen haben sie uns so vieles genommen!

Durch eine Krise bin ich selbstbewusster geworden!

Den Lebensfrust haben sie uns mitgegeben, die Lebenslust aber vermiest!

Wenn ich nochmals gesund werde, wird mich niemand mehr daran hindern können, mein Leben selber zu gestalten.

Ich habe aufgehört, an einen strafenden Gott zu glauben!

Wenn ich ehrlich in mich hinein horche, dann erfahre ich, wie ich zu leben habe!

Warum gönnen wir einander nicht mehr Glück?

Könnten wir mehr genießen, würden wir uns wahrscheinlich nicht so quälen!

Ich schaue jetzt viel mehr auf mich, dann kann ich auch anderen helfen.

Sagen Sie denen, die noch Zeit haben, sie sollen leben!

Ich bin so dankbar, dass ich wirklich gelebt habe, ich glaube, jetzt kann ich auch loslassen und darf heim gehen!

Auch wenn ich bald sterben muss, ich genieße jetzt alles und bin dafür so dankbar!

Gott sei Dank bin ich in einem Glauben verwurzelt, der von Freiheit, Freude und Lebenslust geprägt ist!

Ich lasse mir weder den Glauben noch das Leben von irgendjemanden vermiesen!

Leben kann trotz Krisen so schön sein!

Ich habe in meinem Leben immer nach vorne geschaut, und das war gut!

Der Tod ist furchtbar und hart, aber das Leben ist stärker!

Früher war ich immer so, wie man mich haben wollte, jetzt bin ich viel mehr so, wie ich sein will!

Wenn du gut zu dir bist, bist du auch zu anderen gut!

Wenn du genießen kannst, bleibt dir viel Kraft für harte Zeiten!

Unsere Zeit ist zu hektisch und zu laut. Wenn du wirklich willst, kannst du auch anders leben!

Immer wieder den Kopf heben, dir selber auf die Schultern klopfen und nach vorne schauen, das hat mich leben lassen!

Wissen Sie, was ich mich jetzt am Ende meines Lebens frage: warum machen wir es uns nicht schöner?

Ich bin dankbar, dass ich leben durfte! (ein achtjähriger Bub, eine Woche vor dem Sterben!)

Geheimnis

mache mich neugierig
wecke mein Interesse
lade mich ein, dich zu suchen
lass mich vor dir staunen
motiviere mich zum Innehalten
schenke mir die Haltung der Erwartung
gib mir Mut zur Veränderung
führe mich auf Wege des Lebens
rühre mich in all meinen Sinnen an
erotisiere mich und mach mich lebendig
lass mich still werden und horchen
verführe mich, Neues zu entdecken
bewege mich Pilger, und damit auf dem Weg zu
sein

Geheimnis
so lange es dich für mich gibt
lebe ich!

Geheimnis
wie darf ich dich nennen?
muss ich dich benennen?

Geheimnis
ich möchte dich Geheimnis sein lassen!

Dann bin ich dir staunend nahe und bin
dadurch mitten im Leben!

Hörst du‘s?

zu viel gesorgt
zu viel überlegt
zu viel funktioniert
zu viel gedacht
zu viel analysiert
zu viel geplant
zu viel geordnet
zu viel befolgt
zu viel hinterfragt
zu viel verausgabt
zu viel gekümmert
zu viel geängstigt
zu viel getan

zu wenig gelebt

Horch, dein Leben ruft dich!

Jetzt!

Hörst du‘s?

Broschüren von Franz Schmatz im EFFATA VERLAG:

DARF ICH SIE BEGLEITEN?

Für Menschen in seelischen Nöten, Ängsten und Depressionen

„Seit 30 Jahren begleite ich Menschen in Grenzsituationen des Lebens. Viel durfte ich dabei geben, viel habe ich dabei auch empfangen. Einiges davon habe ich in dieser Broschüre zusammengetragen, um es Ihnen als `Baustein´ für Ihre Lebensgestaltung mit auf den Weg zu geben. Mögen diese Gedanken ein wenig Licht, Wärme und Zuversicht in Ihr Leben bringen!"
Franz Schmatz

ISBN 3-9500782-3-1 (ab 2007: ISBN 978-3-900782-3-7)

DARF ICH SIE TRÖSTEN

Für Menschen in Traurigkeit und Trauer

Für viele Menschen ist es schwer geworden, mit Trauer bei sich und anderen gut umzugehen. Verdrängungen im Umfeld von Sterben und Tod, Abwertungen der Gefühle, gesellschaftliche Zwänge und fragwürdige Ansätze im religiösen Bereich führen immer öfter zur Blockierung von Trauer und auch dazu, dass immer mehr Betroffene von einer Trauerdepression in eine Dauerdepression geraten. Die gut verständliche Sprache und die lebensnahen praktischen Hilfestellungen machen diese Broschüre sicher zu einem wertvollen Baustein für Betroffene und ihre Angehörigen.

ISBN 3-9500782-0-7 (ab 2007: ISBN 978-3-900782-0-6)

MÖGEST DU GANZ GESUND WERDEN

Heilsame Erfahrungen für Menschen in Krankheit und Leid

Die Zeit der Krankheit kann für Menschen zum Fluch oder letztlich zum Segen werden. Allgemeinplätze, fromme Sprüche und Phrasen aus fehlender Betroffenheit machen das Leid noch schlimmer. Allgemeine Rezepte treiben kranke Menschen oft noch tiefer in das Elend. Gefragt ist echte ganzheitliche Begleitung, die zu neuen Ufern des Lebens führt. Notwendig sind Bausteine, mit denen die Kranken selber bauen können. Ersehnt wird nicht nur Reparatur und Symptombekämpfung, sondern Gesundung und Heilung.

ISBN 3-9500782-4-X (ab 2007: ISBN 978-3-9500782-4-4)

TRAU DICH LEBEN

12 Bausteine für Wohlergehen, Glücklichsein und sinnerfülltes Leben

Aus seinem reichen Erfahrungsschatz unzähliger Begleitungen und dem ständigen eigenen Ringen um mehr Lebensqualität bietet der Autor in dieser Broschüre 12 Bausteine an, die in den verschiedensten Lebenslagen in hohem Maße geeignet sind, die Basis für Wohlergehen, Glück und Sinnfülle zu schaffen.
Die aufgezeigten Schritte sind ein Vorsorgeprogramm zur Erhaltung und Erweiterung von seelischem und körperlichem Wohlbefinden, ganzheitlichem Gesundsein und erfolgreicher Hebung der Lebensqualität und des Lebensglückes.

ISBN 3-9500782-5-8 (ab 2007: ISBN 978-3-9500782-5-1)

WERDE DU

Die sichere Erfüllung des Traumes vom Lebensglück

Überall auf der Welt sind Menschen auf der Suche nach mehr Lebenssinn und Lebensglück. Wenn der Druck von außen, die Fremdbestimmung und die Überforderungsgefühle zu groß werden und sich von innen Minderwertigkeitsgefühle ausbreiten, hören sie auf zu träumen und verlieren sie ihre Lebendigkeit.

Es gibt aber einen Weg, um die Erwartungen an das Leben hoch zu halten und möglichst viel an Lebenserfüllung zu finden und der lautet als Einladung „Werde du!".

Wer sich einladen lässt und diesen Weg schrittweise geht, wird Wunderbares erfahren und erleben!

ISBN 3-9500782-6-6 (ab 2007: ISBN 978-3-9500782-6-8)

Bücher von Franz Schmatz im EFFATA VERLAG:

ZEIT ZU LEBEN

Lebenskostbarkeiten aus 25 Jahren Lebens- und Sterbebegleitung

Lebenshilfen gibt es heute viele. Dieses Buch bietet in berührender und bewegender Form Lebenskostbarkeiten und Lebenshilfen an, die Franz Schmatz in 25 Jahren Begleitung von schwerstkranken und sterbenden Menschen geschenkt bekommen bzw. mit ihnen erfahren hat. Das macht diese Lebenshilfen so unglaublich kostbar.

Hier werden Lebensbausteine angeboten, die nicht in der Theorie entworfen wurden, sondern aus Lebenserfahrungen kommen. Sie zeigen, wie Leben trotz aller Widerwärtigkeiten gelingen kann und laden ein, rechtzeitig mit dem Leben zu beginnen.

ISBN 3-9500782-1-5 (ab 2007 ISBN 978-3-9500782-1-3)

HEILENDE LEBENSTEXTE

Der Alltag kann besser gelingen, als viele glauben. In diesem Buch werden in meditativer Form Bausteine angeboten, die schwere Tage besser ertragen und bewältigen und die frohen Tage umfassender verkosten und genießen helfen. Diese heilenden Lebenstexte laden ein innezuhalten, zu sich selber zu kommen, Unheilvolles und Krankmachendes aufzudecken, Veränderungen zu gestalten und neue Wege zu finden, die das eigene Leben schöner und erfüllender machen.

ISBN 3-9500782-2-3 (ab 2007: ISBN 978-3-9500782-2-0)

Richten Sie Ihre Bestellung bitte an den Buchhandel oder an:

EFFATA VERLAG

A-3500 Krems/Donau, Franz Wissgrill-Gasse 7